श्री राम

बाल रामायण

पाणि पंकज पाण्डेय

MANJUL

मंजुल पब्लिशिंग हाउस

MANJUL

मंजुल पब्लिशिंग हाउस

कॉरपोरेट एवं संपादकीय कार्यालय

• द्वितीय तल, उषा प्रीत कॉम्प्लेक्स, 42 मालवीय नगर, भोपाल-462 003

विक्रय एवं विपणन कार्यालय

• सी-16, सेक्टर 3, नोएडा, उत्तर प्रदेश, 201301

वेबसाइट : www.manjulindia.com

वितरण केन्द्र

अहमदाबाद, बेंगलुरू, कोच्चि, कोलकाता, चेन्नई,
हैदराबाद, मुम्बई, नई दिल्ली, पुणे

बाल रामायण

यह संस्करण मंजुल पब्लिशिंग हाउस द्वारा 2022 में प्रकाशित
तृतीय आवृत्ति 2026

ISBN 978-93-5543-103-5

मुद्रण व जिल्दसाज़ी : मणिपाल टेक्नोलॉजीज़ लिमिटेड, मणिपाल

आमुख

राम भारत की आत्मा हैं। वे एक अन्तःसलिला की भाँति हमारी चिरंतन सांस्कृतिक भूमि में सदियों से प्रवाहित हो रहे हैं। जैसे एक नदी पर्वत, मैदान, नगर, ग्राम, वन-प्रांतर की यात्रा के दौरान अपने आसपास हरीतिमा बाँटती चलती है, फिर महासागर में विलीन हो जाती है और मेघों के काँधों पर चढ़कर पुनः बरस पड़ती है, वैसे ही राम आरम्भ भी हैं, अन्त भी और पुनरारम्भ भी। मर्यादा में बँधे होने पर भी वे मर्यादा के पार हैं, इसीलिए मनुष्य होकर भी अवतार हैं। उनका चरित्र यदि पारिवारिक सम्बन्धों का निकष है तो सामाजिक दायित्वों का आदर्श भी है। वे वीरता का उज्ज्वल नक्षत्र हैं तो करुणा का मानसरोवर भी। वे शस्त्र भी हैं और शास्त्र भी। वे सबके हैं, वे सबमें हैं...

रामकथा भारत माता का कण्ठहार रही है। क्या पूर्व, क्या पश्चिम, क्या उत्तर, क्या दक्षिण; शायद ही कोई भाषा हो, जिसमें रामायण न लिखी गयी हो। भारत ही नहीं, दुनिया के अनेक देशों में रामायण श्रद्धा से पढ़ी, गायी और खेली जाती है। यह कहना अतिशयोक्ति न होगा कि जहाँ-जहाँ भारतीयता है, वहाँ-वहाँ राम हैं। आदिकवि वाल्मीकि से लेकर तुलसीदास और रहीम तक, मैथिलीशरण गुप्त से लेकर निराला तक, हर कवि का स्वप्न रहा है कि वह राम पर कुछ न कुछ लिखे। गुप्त जी कहते हैं- *'राम तुम्हारा चरित स्वयं ही काव्य है, कोई कवि बन जाये, सहज सम्भाव्य है'*। रामकथा पर पूर्व काल में अनेक प्रबन्ध काव्यों की रचना होती रही है, किन्तु धीरे-धीरे प्रबन्ध काव्यों का प्रणयन कम हो गया। वर्तमान आपाधापी के समय में प्रबन्ध प्रायः लिखे ही नहीं जा रहे हैं। न लेखकों में प्रबन्ध काव्य लेखन के लिए आवश्यक तन्मयता और चित्त की एकाग्रता है, न पाठकों में प्रबन्ध पढ़ने का धीरज। वन

लाइनर और इंस्टैण्ट फ़न के दौर में प्रबन्ध के विस्तार और गहराई में कौन अवगाहन करना चाहता है! पर यह भी सत्य है कि धीमी आँच में पके भोजन और धैर्य से रचे गये साहित्य का स्वाद ही कुछ और होता है। इतिहास इसका साक्षी रहा है कि फ़ौरी सफलताओं और यश-धन की आकांक्षा से लिखी गयी साहित्यिक कृतियाँ फुलझड़ियों की भाँति चमककर बुझ जाती हैं, किन्तु स्वांतः सुखाय और साथ ही परार्थ के लिए रचा गया साहित्य सदियों तक सूर्य की भाँति चमकता रहता है।

ऐसे में श्रृंगी एवं मार्कण्डेय ऋषि की तपःस्थली रहे सिंगरौली-सोनभद्र क्षेत्र के एक युवा कवि श्री पाणि पंकज पाण्डेय ने रामकथा पर प्रबन्ध काव्य लिखने का बीड़ा उठाया, उस पर भी बच्चों के लिए सहज भाषा-शैली में 'बाल रामायण' लिखने का। यह अपने आप में एक साधना थी... और साधना जब सिद्धि बन जाये तो एक कवि को वैसी ही प्रसन्नता होती है, जैसी एक स्त्री को माँ बनने पर होती है, और यहां तो कवि ने स्वयं को जन्म दिया है, वह द्विज हो गया है। उनकी इस साधना और समर्पण को मैं प्रणाम करता हूँ। उन्हीं के शब्दों में कहूँ तो-

'जिसके जीवन का जितना उत्कर्ष बड़ा होता है,
पीछे उसके उतना ही उत्सर्ग बड़ा होता है'...

श्री पाणि पंकज ने उक्त बाल रामायण के लेखन के लिए गोस्वामी तुलसीदास रचित श्री रामचरित मानस को आधार ग्रंथ बनाया है, पर यह केवल मानस का अनुवाद नहीं है, वैसे ही, जैसे मानस वाल्मीकि रामायण का अनुवाद मात्र नहीं है। कवि जब किसी परम्परा से चली आ रही कथा की पुनर्रचना करता है तो उसका वर्तमान भी उसे खींचता है। और वह वर्तमान अनायास ही उसकी रचना में प्रतिध्वनित हो उठता है। गोस्वामी तुलसीदास ने चित्रकूट सभा और माता शबरी के प्रसंग को मानस में जो विस्तार दिया है, वह मूल वाल्मीकि रामायण में नहीं है। उक्त प्रसंगों पर ठहरना और उन्हें विस्तार देना तुलसी का युगधर्म था। मुग़लों से आक्रांत और नैराश्य में डूबे भारत के लिए तुलसी एक आदर्श प्रस्तुत करना चाहते थे - पारिवारिक और

सामाजिक मूल्यों का एक ऐसा आदर्श, जो उस समय व्याप्त अपसंस्कृति के विरुद्ध एक प्रतिसंस्कृति का निर्माण कर सके। कहना न होगा कि तुलसी इसमें सफल हुए।

श्री पाणि पंकज भी उक्त 'बाल रामायण' में सदियों से चली आ रही रामकथा की गरिमा और शुद्धता को बनाये रखते हुए अपने वर्तमान को भी सम्बोधित करते हैं। अयोध्या काण्ड में वे कहते हैं–

जीवन का जो लक्ष्य महान, सदा उसी का रखकर ध्यान।
धारण कर कोमल मुस्कान, सुख–दुःख सहता एक समान।
वही जगत में बनता राम।

या फिर चित्रकूट सभा प्रसंग में –

नहीं जाति है श्रेष्ठ जगत में, नर का कर्म प्रधान है।
श्रेष्ठ मुनीश्वर गले लगाते, धन्य निषाद महान है।

चूँकि यह 'बाल रामायण' है और कृतिकार के सामने आज की युवा पीढ़ी और बच्चे हैं, इसलिए वह जैसे उन्हें ही सम्बोधित करते हुए अरण्य काण्ड में कहता है–

यूँ ही नहीं सफलता अब तक मिली किसी को जग में,
उसी शीश पर पुष्प खिला है, काँटे जिसके पग में।

सुन्दर काण्ड में वे जैसे भारत की शान्ति–शौर्य समन्वय की चिरंतन नीति को ही वाणी दे रहे हैं–

शक्ति से पहले श्वेत पताका, श्रेष्ठ की ज़िम्मेदारी है।

इस 'बाल रामायण' में रामकथा का श्रेष्ठ अमृत तो है ही, हम सबके लिए और विशेष रूप से युवाओं तथा बच्चों के लिए यत्र–तत्र प्रेरणा और उत्साहवर्द्धन के संदेश भी हैं–

सत्य मार्ग दुर्गम है, ज़रा कठिन है।
पर निष्ठा निश्चित हो तो मुमकिन है। (लंका काण्ड)

सारे धर्मरती, अनुरागी, बलशाली, विद्वान बनें।
रामलला की पावन भूमि! भारत देश महान बने। (उत्तर काण्ड)

राम पर लिखना आत्मयज्ञ है, जहाँ हृदय की समिधा पर भावों का घृत चढ़ता है और साधना की अग्नि इसे प्रज्ज्वलित करती है। मुझे पूरा विश्वास है कि अनुज पाणि पंकज इस यज्ञ में सफल हुए हैं। इस यज्ञ से जो सुगन्ध बिखरी है, वह निरंतर सुहृदों को आप्लावित करती रहे, यही प्रभु श्रीराम से प्रार्थना है। आशा करता हूँ कि यह 'बाल रामायण' नयी पीढ़ी को बहुत पसन्द आयेगी और घर-घर पढ़ी जायेगी।

अनेकानेक शुभाशीषों एवं मंगलकामनाओं के साथ!

जय श्रीराम! शुभमस्तु!

—डॉ. योगेन्द्र मिश्र
कवि एवं लेखक
उ.प्र. पुलिस में अधिकारी

आभार के दो शब्द...

"दक्षिणे लक्ष्मणो यस्य वामे च जनकात्मजा।
पुरतो मारुतिर्यस्य तं वन्दे रघुनंदनम्।।"

सनातन धर्मावलम्बियों में किसी भी सद्कार्य को निर्विघ्नता से पूर्ण होने की कामना को लेकर सर्वप्रथम देवार्चन की परंपरा पुरातन काल से विद्यमान है। मैंने भी अपनी इस पुस्तक में अपनी बुद्धि-लब्धि के अनुरूप इस परंपरा का निर्वाह देवों की प्रार्थना से करने का प्रयास किया है।

मुझ जैसे अविवेकी की प्रार्थना से द्रवीभूत हुए देवों में प्रथम पूज्य भगवान गजानन, माता गौरी तथा देवाधिदेव महादेव ने मुझ पर जो कृपा की है, उसके लिए मैं उनके चरणों में श्रद्धा-सुमन स्वरूप यह पुस्तक समर्पित करता हूँ।

किसी भी पुनीत कार्य को प्रारम्भ करने की प्रेरणा भी भगवतकृपा से ही प्राप्त होती है, और उसकी पूर्णता निरंतर बनी सदकृपा से ही संभव होती है। मेरे मन में भी अखिल ब्रह्मांड नायक भगवान श्री राम के गुणानुवाद की जो प्रेरणा माता अंजनी के लाल, भगवान रुद्र के अवतार कहे जाने वाले पवनपुत्र हनुमान से मिली, उसी के बल पर मैं यह साहस कर सका कि मैं यह पुस्तक लिखूँ। उनकी ही कृपा का परिणाम है कि आज यह पुस्तक सुधी पाठकों के हाथों में समर्पित हो रही है। मैं भगवान के परम भक्त तथा विद्या व बुद्धि के प्रदाता हनुमंत लाल के चरणों में अपनी अभ्यर्चना अर्पित करते हुए अपनी बात को प्रारम्भ करता हूँ।

सदग्रन्थों में गुरु के स्थान को सर्वोपरि यहाँ तक कि 'गुरुः साक्षात् परं ब्रह्म तस्मै श्री गुरवे नमः' कह कर भगवान ही बताया गया है। मैंने अभी तक किसी को भी अपने आध्यात्मिक गुरु के रूप में स्वीकार नहीं

किया है; अत: "**कृष्णम् वंदे जगत्गुरुं**" का आश्रय लेकर भगवान वासुदेव जो सम्पूर्ण संसार के गुरु हैं, को गुरु के रूप में पूजित कर कविकुल से जुड़ने का प्रयास किया है। मैं उनके चरणों में अपनी श्रद्धा सूत्र में पिरोई गई, इस मालिका को अर्पित करता हूँ। मुझे राम कथा का जो भी अल्प ज्ञान प्राप्त हुआ है वह मेरे पूज्य पिता जी - श्री गीता प्रसाद पाण्डेय - का ही कृपा प्रसाद है, जो बाल्यावस्था में ही अपने प्रात: भ्रमर्ण के समय मेरा हाथ पकड़ कर अपने साथ ले जाया करते थे और पूज्य पाद गोस्वामी तुलसीदास जी के 'राम चरित मानस' की राम कथा को मुझे सुनाया करते थे।

जन्मदात्री माता ही बालक की प्रथम गुरु एवं संस्कारों को देने वाली होती है। मेरी पूजनीया माता - श्रीमती हीरादेवी - की भक्ति भावना व उनकी उदारता और मेरे प्रति उनके स्नेह ने ही मुझे इस योग्य बनाया है, मैं उनके चरणों की वंदना करता हूँ। भगवान राम चराचर के नायक तथा उदात्त चरित्र के धनी है। वे मर्यादा पुरुषोत्तम है। सहजता, सरलता, सहिष्णुता, उदारता, त्यागशीलता, गुरु भक्ति, मातृ-पितृ भक्ति, भातृ स्नेह आदि इनके ऐसे गुण हैं, जो आज भी उतने ही यथार्थ तथा समीचीन हैं जितने तत्कालीन समय अर्थात त्रेता युग में थे। राम महाविष्णु के साक्षात अवतार हैं, जो इस धरा धाम से असुरों का विनाश कर धर्म एवं मानव संस्कृति को पुनःस्थापित करने हेतु यथा समय धरती पर आते रहते हैं।

आदि कवि महर्षि वाल्मीकि ने रामायण की रचना संस्कृत भाषा में की है। गोस्वामी तुलसीदास जी ने इसे अवधी भाषा में लिख कर जन-जन तक पहुँचाया है और विभिन्न भाषा के विद्वान व प्रबुद्ध कवियों ने अपनी-अपनी क्षमता के अनुरूप अपनी-अपनी भाषा में इसे समय-समय पर लिपिबद्ध किया है। फिर मुझ जैसे अकिंचन ने यह धृष्टता क्यों की यह एक स्वाभाविक सा प्रश्न बनता है।

भगवान राम जैसे चरित्रवान व आदर्शवान का कोई भी उपमान आज तक नहीं हुआ है और न ही होने की संभावना ही है। वेदों, शास्त्रों तथा पुराणों ने जिसे नेति-नेति कहकर पुकारा है, तो फिर मुझ जैसे अल्पज्ञ तथा अविवेकी की क्या विसात है, जो मैं राम के चरित्र को

वर्णित कर सकूँ। मैंने "बालरामायण" लिखने की जो धृष्टता की है, उसका उद्देश्य अपने को कविकर्म शिल्पी के रूप में प्रतिष्ठित करना अथवा अपनी विद्वत्ता का प्रदर्शन करना नहीं है अपितु 'राम चरित मानस' के दीर्घ कलेवर को लघु रूप देकर राम के विषय में आज की व्यस्तता में भी अल्प समय में जन-जन को परिचित कराना मात्र है। मैं अपने इस उद्देश्य में कितना सफल हुआ हूँ, इसका निर्णय इस पुस्तक के सुधि पाठकों के हाथ में है तथा उनका बहुमूल्य सुझाव हमें सादर स्वीकार्य होगा। मुझे विश्वास है कि सुधी पाठक गण -

"भाव कुभाव अनख आलसहूँ। नाम जपत मंगल दिसि दसहूँ।।"

का अनुसरण करते हुये इसे अपना कंठाभरण अवश्य बनाएँगे।

यह पुस्तक आज जिस रूप में आप सुधि पाठकों के अध्ययन हेतु प्रस्तुत हुई है, उस स्वरूप को आकार देने में कई स्नेही स्वजनों का समर्पण एवं त्याग निहित है। इस अवसर पर उनके प्रति अपनी कृतज्ञता ज्ञापित करना मेरा परम कर्तव्य है। अत: उसका निर्वहन करते हुए मैं सर्वप्रथम अपनी धर्म पत्नी श्रीमती अंशुप्रिया एवं अपने दोनों बच्चों अभिश्री एवं अव्यांश के प्रति अपना स्नेह व्यक्त करना चाहता हूँ, जिन्होंने 02 वर्ष 03 माह और 05 दिन (21 अप्रैल, 2020 से 26 जुलाई, 2022 तक) के इस दीर्घ अंतराल में जब कि मैं इस पुनीत यज्ञ में अपनी आहूतियाँ दे रहा था, तब उनके प्रति जो मेरे कर्तव्य एवं पारिवारिक दायित्व थे, उनकी जो अपेक्षाएँ थी व्यस्तता के कारण कहीं न कहीं उपेक्षित होती रही बावजूद इसके इन सब ने मुझ पर अपने स्नेह को यथावत बनाए रखते हुए मेरे मनोबल को ऊँचा उठाए रखा।

मैं अपने परिवार के सभी सदस्यों का, भांजे अनुराग, भाई शिवेन्द्र, भतीजी प्रत्याशा एवं सभी इष्ट मित्रों के प्रति भी अपना आभार व्यक्त करना चाहता हूँ, जिनका समय-समय पर साथ व मार्गदर्शन मुझे प्राप्त होता रहा। साथ ही इस पुस्तक के हस्त लिखित प्रारूप को टंकित पांडुलिपि में रूपांतरित करने में अपना सहयोग प्रदान करने हेतु सुश्री बबिता, श्री आलोक पाण्डेय तथा सुश्री शालिनी का भी मैं हृदय से आभार व्यक्त करता हूँ। आभार के इस क्रम मे मुझपर सदैव अनुजवत स्नेह रखने वाले

मेरे साहित्यिक अग्रज एवं मित्र डॉ योगेंद्र मिश्र जी के प्रति भी मैं सम्मान और आभार व्यक्त करना चाहता हूँ, जिन्होंने इस कृति का पूर्ण अध्ययन कर मुझे अपना शुभाशीष और स्नेह अपनी मंगल कामनाओं सहित इस पुस्तक के आमुख के रूप में प्रदान किया है।

किसी भी रचना की सार्थकता तभी सुनिश्चित हो सकती है, जब वह कृति अपने श्रेष्ठतम स्वरूप में पाठकों के मध्य पहुँच सके। पुस्तक की रचना यदि उसका जन्म है तो प्रकाशन उस पुस्तक का पालन है। रचनाकार देवकी तो प्रकाशक यशोदा के ही समरूप है, और मुझे इस बात की प्रसन्नता है कि मेरी इस कृति श्री 'बाल-रामायण' को मंजुल प्रकाशन जैसे प्रतिष्ठित प्रकाशन से प्रकाशित होने का गौरव प्राप्त हो रहा है। इस पुस्तक का जो वर्तमान कलेवर आपके समक्ष प्रस्तुत हुआ है उसके लिए मैं मंजुल प्रकाशन के प्रधान संपादक श्री कपिल सिंह जी का एवं समस्त संपादकीय मण्डल का हृदय से आभारी हूँ, जिनके सुझाव एवं सहयोग से ही यह कृति इस पूर्णता को प्राप्त हो सकी है।

अन्त में एक बार पुनः आप सभी सुधी पाठकों के शुभाशीष और स्नेह की आकांक्षा के साथ...

सादर।

निवेदक

पाणि पंकज पाण्डेय
सिंगरौली, मध्य प्रदेश
अगस्त 19, 2022

मातृ समर्पण

माँ के पय का मान नहीं लिख सकता।
ममता का यशगान नहीं लिख सकता।।
लिख सकता हूँ राम, कृष्ण, गौतम को;
पर माँ का स्थान नहीं लिख सकता।।

माँ के आँचल में सिमटे जग सारा।
लाख कोशिशें कर के भी मैं हारा।।
माँ पर लिखने जब जब कलम उठाया।
'माँ' को केवल 'माँ' ही मैं लिख पाया।।

शब्द अकिंचन और भाव हैं छोटे।
माँ सुनते ही सिसक-सिसक कर रोते।।
सकुचाते हैं, सब रस - छंद - सवाई।
ठिठक-ठहर जाते हैं मात्रा - पाई।।

कि हम माँ का गान करें तो कैसे।
ममता का सम्मान करें तो कैसे।।
कैसे लिख दें, माँ कैसी होती है।
'माँ' तो केवल, 'माँ' जैसी होती है।।

माँ के श्री चरणों में सादर
समर्पित...

पितृ समर्पण

मैं माटी का लोथड़ा, मुझे चढ़ा तुम चाक।
थाप, ताप, तप, त्याग, पुण्य से गढ़ा तुम्हीं ने तात।।
गढ़कर मुझको ज्ञान वारि, तुमने ही मुझमें डाला।
काट स्वयं की रोटी, मुझको हरदम दिया निवाला।।

तुमने मेरे लाड़-प्यार में कोई कसर ना छोड़ा।
संचित निधि निज, ज्ञान, धर्म का मेरे लिए निचोड़ा।।
पात्र नहीं था मैं जिसके वो सबकुछ दान किया है।
मुझसे पाकर गरल भी तो तुमने वरदान दिया है।।

गलता बीज मृदा में मिलकर, तब ज्यों खिलता फूल।
परहित स्वजन सनेही के हित, सदा स्वयं को भूल।।
लगे रहे परमारथ में तुम, बिना हानि-हित सोचे।
सजल नयन को मूंद स्वयं के, अश्रु और के पोछे।।

उसी धर्म के प्रखर पुंज से, मैं तो बड़ा हुआ हूँ।
पा आशीष तुम्हारा ही निज पैरों खड़ा हुआ हूँ।।
पर हे तात! आज तक मैंने, तुमको मान दिया क्या?
बदले में उस करुण कृपा के, हा! सम्मान दिया क्या?

लो अब आज तुम्हारा ही मैं, तुमको अर्पित करता।
निज कवित्त संग काव्य सुमन यह, तुम्हें समर्पित करता।।
श्री चरणों में मस्तक नत कर, हे पितु! धर्मपरायण।
पंकज पुष्प समर्पित तुमको, है यह 'बाल रामायण'।।

स्नेह समर्पण

यज्ञ न पूरा होता तब तक, जब तक वामा संग न हो।
जब तक दायां-बायां दोनों रंगे एक ही रंग न हो।।

जब तक एक समर्पण कर, दूजे के सपने पाले ना।
जब तक कि हमराही बनकर, गिरते वक्त संभाले ना।।

तब तक क्या पुरुषार्थ पुरुष में, क्या उसमें स्वामित्व।
पौरुष का पुरुषार्थ पूर्ण, जब संग में हो नारीत्व।।

जैसे सिय बिन राम अधूरे, राधा के बिन श्याम।
जैसे बिन शक्ति के शिव का, मिलता नहीं प्रमाण।।

जैसे बिन ज्योति के दीपक, देता नहीं प्रकाश।
होती ना रत्नावली तो क्या, होते तुलसीदास!!

वैसे ही तुम पुण्य प्रेरणा, हो इस अंतर्मन की।
तुम ही दीपशिखा हो नाशक, मेरे अन्तस तम की।।

राम कृपा जो हुई प्रिया तो, मैंने तुमको पाया।
और संग में मिलकर के यह, यज्ञ सुफल कर पाया।।

साथ हमारा सदा नेह का, जैसे छाया-दर्पण।
धन्यवाद! आभार तुम्हारा, तुमको स्नेह समर्पण।।

संतति समर्पण

निज घर से प्रारम्भ हो,
दान-धर्म, सत्कर्म।
वसुधा के कल्याण का;
दिष्ट यही है मर्म।।

इसी मर्म के हेतुक,
अथ श्री रामायण काव्यांश को।
प्रथम समर्पित करता संतति;
अभिश्री और अव्यांश को।।

अनुक्रम

प्रार्थना

(1)

हे! गजानन गणपति,
माँ शुभ्रवस्त्रा सरस्वती।
स्वर, सार, बुद्धि, वाणी दे;
वरदान वीणापाणि दे –
'कि तूलिका मेरी सुफल हो,
चित्त निर्मल अरु धवल हो।।
शब्द को आकार दे माँ,
लेखनी में सार दे माँ।।
हो फलित यह काम मेरा;
है यही आह्वान मेरा'।।

(2)

हे दिशि दस हे सूर्य शशि।
पाताल व्योम हे प्राची–निशि।।
महिपाल, महेश, सुरेश, खगेश,
मुनि, असुर, नाग, गंधर्व, शेष।।
हे शास्त्र वेद सब ग्रन्थ पुराण;
पियूष सत्व निज करो दान।।
हे स्वर, व्यंजन मात्रा;
दे दो मुझे यह पात्रता –
कि प्रस्फुटित नित गान नव हो।
सृष्टि का कल्याण रव हो।।
भ्रांत मृगतृष्णा का क्षर हो।
युग प्रवर्तक हर अक्षर हो।।
क्रांति की ज्योति जगाने;
हर क्षितिज के पार जाने;
को प्रभा मैं खींच लाऊँ।
शब्द से उर सींच पाऊँ।।

विनय

‘राम’ तेरा गुणगान करूँ, शब्दों में ऐसा सत्व नहीं।
‘राम’ तेरा उपमान बने, ब्रह्माण्ड में ऐसा तत्व नहीं।।
‘राम’ तुम्हीं बस ‘रामचंद्र’ से, ‘राम’ नाम सा ‘राम’।
‘राम’ नाम उल्टा जप हो गए, वाल्मीकि भगवान।।

‘राम’ तुम्हारी करुण कृपा का, है असीम विस्तार।
रघुवर तुमको शीश नवाता हूँ; मैं बारम्बार।।
चरित राम का गान कर सकूँ, मुझमें बात नहीं है।
वाल्मीकि–तुलसी बन जाऊँ, ये औकात नहीं है।।

मैंने तो बस स्वांतः सुख की, खातिर कलम गहा है।
इसी बहाने सही कम से कम, मैंने ‘राम’ कहा है ।।
मैं मति–मंद मूढ़ खल–कामी, कृपा करें भगवान।
मेरा अब यह दुसह मनोरथ, पूर्ण करें ‘श्री राम’।।

मंगलाचरण

हे नील अम्बुज सरिस श्याम अंगी,
धनुष बाण धारी सिया बाम संगी।
हे रघुकुल सरोरुह, हे विश्वभूपम्;
नमो भक्तवत्सल क्षमा शील रूपम् ।।1।।

हे हनुमत प्रचंडं, कनक भूधरा सम;
जगत ताप नाशी, भयं शोक हरणं।
हे अतुलित बली ज्ञान बुद्धि निधानं;
नमामि प्रभो, राम दूतं प्रधानं।।2।।

हे रामनाथं, विभुं विश्वनाथं,
हे नीलकंठं, वरं चंद्रभालं।
हे काल कालं, महाकाल स्वामी;
नमामि नमामि, सहितं भवानी।।3।।

श्री बाल रामायण

बाल काण्ड

॥ श्री राम ॥

श्री गणेशाय नमः

श्री बाल रामायण – बाल काण्ड प्रारंभ

प्रथम सोपान

(पार्वती संशय हरण)

एक दिवस कैलाशपति, निज वामांगी के संग।
बैठे थे कैलाश पर, रमे राम के रंग।।
शुभ अवसर माँ पार्वती पा, कहा नवाए शीश।
''दशरथ नन्दन रामचंद्र क्या, सचमुच हैं जगदीश!!''

''कहें आपके इष्ट राम क्या, वही मनुज तन धारी?
जिसको निज मन भाव समर्पित, करते हैं त्रिपुरारी!
अथवा कोई राम भिन्न हैं, हरो प्रभु मन शंका।
भेद बताओ, अलख जगाओ, बहे भक्ति की गंगा।।''

''यदि राम वह सकल सिद्ध, क्यों हुए मनुज तन धारी।
किस कारण से निर्गुण स्वामी, हुए सगुण अवतारी।।''
पुलकित हो श्रीराम कथा की, देख लालसा भारी।
बोले तब कैलाश पति हे! ''सुनु गिरिराज कुमारी –

''धन्य धन्य हे धन्य उमा तुम! धन्य तुम्हारी भक्ति।
धन्य तुम्हारा, नेह राम में, धन्य राम अनुरक्ति।।
जो भी मन में शंक तुम्हारे, सब मैं दूर करूंगा।
भ्रम, अज्ञान राम विषयक जो, सब मैं चूर करूंगा।।''

यद्यपि राम नाम गुण महिमा, का असीम विस्तार।
तदपि सुनाता हूँ मैं तुमको, निज विवेक अनुसार।।
हाँ मेरे हैं इष्ट वही, श्री रघुकुल नन्दन राम।
जिनके श्री चरणों में मिलता, त्रिभुवन को विश्राम।।

मनुज रूप धरि, धरा गमन के, कारण कई भवानी।
वही सुनाता तुमको, जिसको कहें वेद, मुनि, ज्ञानी।।
''बढ़े पाप जब-जब धरती पर, बढ़ें असुर अभिमानी।
धरा धाम धरि विविध रूप तब, जाते जग के स्वामी।।

करते नाश असुर दुष्टों का, हरते जग का त्रास।
स्थापित करते धर्म, बढ़ाते भक्ति में विश्वास।।
इसी हेतु धरि मनुज रूप हैं, गए धरा पर राम।
माया के वश होकर माया, करते माया धाम।।

प्रथम विश्राम

द्वितीय सोपान

(नारद मुनि का श्राप)

नारायण के नाम भजन से, बनते मूढ़ विषारद।
उसी तेज से तप से एक दिन, काम जीतकर नारद।।
गए दंभ से फूल, भक्ति को भूल बने उन्मादी।
आत्म प्रसंशा की गाथा, साकेत धाम में गा दी।।

अहंकार से उद्वेलित मन होता क्षण-प्रतिक्षण है।
मैं, मेरा के भाव पाश में, बंधा हुआ जन-जन है।।
माया छल से वही बचे हैं, जो हरिहर के दास।
भक्तों का अभिमान बनाते हैं, प्रभु अपना ग्रास।।

''सुनो सुमुखि हे! हुआ न जग में, ऐसा कोई ज्ञानी।
धन, यश, वैभव, बल, विवेक मद, हुआ न जो अभिमानी।।
प्रभुता मद में किसे सूझती, ज्ञान धर्म की बात।
शील, मान, मर्यादा हरते, अहंकार उन्माद।।

देवर्षि को देख नारायण मिथ्या मद में चूर।
सन्मुख उनके किए प्रसंशा उनकी ही भरपूर।।
हरने को अभिमान मुनि का युक्ति एक विचारी।
लीलाधर की लीला जाने, केवल लीलाधारी।।

पद्मनाभ ने ध्यान लगाकर फैलाई निज माया।
नारद के पथ में नारायण ने एक नगर बसाया।।
उसी नगर के राजा की एक सुंदर सुता बनाकर।
नारायण ने रचा उसी क्षण उसका दिव्य स्वयंवर।।

देख अलौकिक नगर, मुनि की नजर वहीं पर ठहरी।
समझ न पाए अहंकार वश माया प्रभु की गहरी।।
पहुँचे नगर प्रवेश किए मुनि राज भवन के अंदर।
रचा जहाँ था मायापति ने, मायायुक्त स्वयंवर।।

देख सुंदरी का नख-शिख तक, मदमाता लावण्य।
कामुकता वश नारद मन में, भाव जगे आरण्य।।
डूब कल्पना के सागर में, भर गहरा उच्छवास।
मन ही मन में लगे विचरने, वो रमणी के पास।।

''सघन मेघ सकुचाते जिसके देख घनेरे केश।
कुंतल कर्ण सुशोभित जैसे, मलय लिप्त हों शेष।।
जिसके यौवन की आभा से रति मन हो विद्वेष।
कामदेव भी ताकें जिसको रंजित हो अनिमेष।।''

''मुख मण्डल उद्भासित जैसे कोटिक चन्द्र दिवाकर।
जैसे कोई कुमुद कामिनी कंचन कुंड नहाकर।।
तारों का परिधान सजाए, चन्दन सिक्त सुवासी।
काश प्रभू! यह राजकुमारी, बने मेरी सहवासी।।''

सोच मुनि आसक्त हुए उस सुकुमारी का रूप।
लगे मनाने मन ही मन में, नारद जी भव-भूप।।
प्रभो! मुझे तुम दे दो, अपना सुंदर रूप मृणाल।
वरण करे जिससे यह तरुणी, डाल मुझे जयमाल।।

करो प्रभू तुम वही कृपा, कि जिससे हित हो मेरा।
मेरे सूने जीवन में आ जाए नया सवेरा।।
हरि ने तब हो प्रकट कहा – "नारद तुम प्रिय हो मुझको।"
जो हितकर होगा मुनिवर, वह शुभ फल दूँगा तुझको।।"

भक्तों को पहचान कहाँ है, अपने हित अनहित की।
वे तो सदा माँगते वर हैं, मन–विषयों के ज़िद की।।
पर भगवान कहाँ देते हैं, जो भक्तों की चाह।
भक्तों के हित करते भगवन धवल केतु भी स्याह।।

माँगा था यद्यपि नारद ने, हो स्वरूप तन सुंदर।
दया धाम ने बना दिया, पर नारद का मुह बंदर।।
पाकर के वरदान रुचिर, हो मुनि कल्पनातीत।
लेकर बानर रूप पहुँच गए, भरी सभा के बीच।।

उसी सभा में बैठे थे मेरे भी दो दूत।
जिन्हें ज्ञात थी नारद जी की, यह सारी करतूत।।
माया वश नारद जी पहुँचे, जब युवती के पास।
किया गणों ने और युवती ने, तब उनका परिहास।।

"बानर मुखी देखकर आओ, एक बार तुम दर्पण।
स्वप्न तुम्हारा तुमको कर दूँ, यह जयमाल समर्पण!!
कहा गणों ने भी वानर ओ! खुद को जरा निहारो।
आए हो क्या सोच यहाँ, हैं तुमसे श्रेष्ठ हजारों।।"

सुन परिहास वचन नारद ने, तत्क्षण किया पयान।
शोकाकुल हो पहुँचे मुनिवर, समीपस्थ जलवान।।
जल में देख स्वयं को नारद, क्रोध कुपित हो डोले।
अंजलि जल ले शाप सिक्त यह वचन हरि को बोले –

देता हूँ यह श्राप तुम्हें, तुम मनुज रूप जन्मोगे।
प्रिया विरह में ज्यों तरसा मैं, तुम भी तो तरसोगे।।
तब यह बानर-रीछ बनेंगे, तुम्हरे मित्र सहायक।
भोगोगे संताप धरा पर, हे! कपटी अधिनायक।।

सभागार फिर पहुँचे नारद किया गणों को श्रापित।
तुम दोनों ने सभा मध्य जो, किया मुझे अपमानित।।
तो अगला अब जन्म तुम्हारा, होगा राक्षस वंश।
साधु अवज्ञा के कल्मष का झेलोगे तुम दंश।।

तब जब मायापति नारद से मायाजाल हटाए।
नारद क्लांत हुए कुंठा से, मन ही मन पछताए।।
प्रभु पद पंकज पकड़ मुनि ने, चरण चढ़ा निज मस्तक।
कर विलाप बोले मुनिवर मैं, हुआ नीच इस हद तक।।

दे डाला अभिशाप स्वयं ही अपने ही स्वामी को!
क्षमा करो हे दया धाम! इस अधमी अभिमानी को।।
निज अनुचर संतप्त देख, प्रभु बोले वचन सुजान।
जो कुछ भी है हुआ मुनीश्वर, मेरी इच्छा जान।।

इसी श्राप के फलतः ही बैकुंठ धाम के वासी।
त्रेता में ले जन्म धरा पर, हुए मनुज वनवासी।।
और वे दोनों दूत शंभू के, शाप सभा जो पाए।
पृथ्वी पर जन्में तो रावण कुम्भकर्ण कहलाए।।

ꙮ द्वितीय विश्राम ꙮ

तृतीय सोपान

(रावण जन्म एवं परिचय)

कुल से मान नहीं मानव का, कर्म बढ़ाता मान।
जड़ से ना पहचान वृक्ष की, फल देता पहचान।।
खिलें एक उपवन में, चढ़ता देवों के सिर फूल।
नष्ट स्वयं माली कर देता, गाजर घास समूल।।

जन्मा श्रेष्ठ मुनि कुल में, था ब्राह्मण की संतान।
परम प्रतापी बलशाली था, रावण था विद्वान।।
पर कर्मों से रहा पतित वह, मुनि पुलस्त्य का नाती।
मुनि विश्रवा, कैकेसी सुत, हुआ अधम उत्पाती।।

निज अनुजों के साथ में रावण, किया ब्रह्म तप भीषण।
कुम्भ कर्ण निद्रासन पाया, भक्ति भक्त विभीषण।।
रावण ने अजेय वर माँगा, असुर, देव, दानव से।
जीत सके सम्पूर्ण सृष्टि को, मरे तो नर–वानर से।।

पाकर यह वरदान लगा वह अत्याचार बढ़ाने।
सुर, नर मुनि सब संत जनों को मिथ्या लगा सताने।।
यज्ञ हवन सत्कर्म श्रेष्ठ विध्वंश लगा सब करने।
नाग, मुनि, गंधर्व, देव, सब लगे नाम से डरने।।

बढ़ने लगा पाप पारा जब निकला पानी सर से।
भयाक्रांत हो उठी अवनी उसके आतंक के डर से।।
तब पृथ्वी धरि धेनु रूप, सब संत मुनि के संग।
ब्रह्म लोक में पहुँच सुनाया, त्रास व्यथा सप्रसंग।।

सुनि विरंचि सब शोक धरा का कहा वचन समुझाय।
पुत्री तेरे शोक शमन में, श्री हरि बने सहाय।।
मान ब्रम्ह के वचन सभी तब पहुँचे हरि के लोक।
हाथ जोड़कर किए अराधन, हरो हमारे शोक।।

"हरो हमारे शोक प्रभुजी विपदा भारी।"
व्यथित वचन बोली हरि से धरणी बेचारी।।
"नाथ उबारो मुझे पाप प्लावन से।
असुरों के सरताज दुष्ट रावण से।।"

हरि का हिय नवनीत, जगतदाता हैं।
दुखियों के संताप, शोक त्राता हैं।।
भक्तों की क्रंदन पुकार सुनकर के।
वात्सल्य, ममता, दुलार, हिय भर के।।

शोक, ताप, संताप सदा हरते हैं।
मत्स्य, मोहिनी आदि रूप धरते हैं।।
सुनकर के संतप्त वचन पृथ्वी के।
मुख से निकले वचन कृपाल हरि के –

"बोले हरि तब सुनो अवनि तुम जाओ।
कुछ दिन है बस शेष, नहीं घबराओ।।
मैं जल्दी ही जन्म धरा पर लूंगा।
तुमको मैं निष्पाप अभय कर दूंगा।।
करने को सहयोग धरा बन कीश।
पहुँचें सारे देव, कहे जगदीश।।"

श्रीहरि सेवा का शुभ अवसर जान।
करि प्रणाम सुर, त्वरित किए प्रस्थान।।
एक से एक धरे रूप ज्यों भूधर।
मंगल गीत बजाते पहुँचे भूपर।।

꧁ तृतीय विश्राम ꧂

चतुर्थ सोपान

(श्री राम अवतरण)

अवधपुरी एक नगर सुहावन, बसा किनारे सरयु पावन।
शोभा जिसकी अतिशय प्यारी, मंजुल मुदित, मधुर, मनहारी।।
त्रेता में जिसके शुभ समरथ, राजा थे पुण्यात्मा दशरथ।
जिनकी पत्नी तीन पवित्रा, कौशल्या, कैकेई, सुमित्रा।।

धन, यश, वैभव, मान बहुत था, पुण्य पराक्रम दान बहुत था।
सब कुछ था, पर था सब छोई; थी उनको संतान न कोई।।
व्याकुल मन और आद्र ह्रदय से, हार मानकर विधि निर्दय से।
राजा पहुँचे गुरु शरण में, निज को अर्पित किया चरण में।।

अश्रुधार से चरण धुलाए, राजा बैठे शीश नवाए।
गुरु वशिष्ठ तब उन्हें उठाकर, बोले बचन पास बैठाकर।।
हे राजन तुम श्रेष्ठ गुणी हो, रघुवंश के शिरोमणि हो।
क्यों अधीर हो, क्यों कुंभलाए! कहो प्रयोजन कैसे आए।।

हे गुरुवर! मैं बड़ हतभागा, बड़ा अकिंचन बड़ा अभागा।
त्रिभुवन का सब सुख है मेरा, फिर भी छाया घोर अंधेरा।।
मेरे दुःख का एक ही कारण, करो प्रभु यह कष्ट निवारण।
इस दुःख से अनजान न कोई, कि मुझको संतान न कोई।।

क्या विधि के इस विकट वार का, नहीं काट है इस प्रहार का।
जो कुछ भी हो करें उपाय, जिससे संतति सुख मिल जाए।।
सुन राजा की करुण पुकार, गुरुवर करके कछुक विचार।
बोले राजन! है उपचार; होंगे एक नहीं सुत चार।।

सुन गुरुवर के मीठे बैन, अश्रु बिंदु छलके नृप नैन।
फिर गुरु बात मानकर सारी, राजा किए पूर्ण तैयारी।।
गुरु तब श्रृंगी ऋषि बुलाए, सुत कामेष्टि यज्ञ कराए।
जिसके फल से पुण्यवती तब, हुई रानियां गर्भवती सब।।

हुई रानियां गर्भवती, मुखमंडल तेज उतर आया।
कान्त दिव्य इस आभा का पर, भेद नहीं कोई पाया।।
ज्ञात किसे कि गर्भ में जो वो, जग के पालनहारे हैं।
किसे विदित उनसे ही जगमग, सूरज, चंदा तारे हैं।।

पुलकित मन आनंद भाव से, दिन पर दिन सब गए बीत।
बहती रही समय की धारा, कई मास हो गए व्यतीत।।
श्रीहरि के अवतरण दिवस का, समय निकट जब आया।
कर शृंगार प्रकृति ने अपना, सुंदर रूप बनाया।।

चैत्र मास के शुक्ल पक्ष में, घड़ी सुमंगल आयी।
नवग्रह, राशि, लग्न हुए सम, योग बना फलदायी।।
वन, उपवन, झर, सर, पुरजन सब; गाने लगे बधाई।
तिथि नवमी, दिन शुभ मंगल को जन्म लिए रघुराई।।

रामलला माँ कौशल्या से, भरत कैकेई लाल।
लखन शत्रुघन दो सुत सुंदर, खिले सुमित्रा डाल।।
एक-एक कर चार सुवन को, आवत अंगना देख।
भूप-रानियों के नयनों से, झरे नीर अतिरेक।।

श्यामल नीलवर्ण के राघव, मंजुल कुंचित केश।
लखे सोई निरखत रहे, कृपासिंधु अनिमेष।।
शेष सुवन सब गौर वर्ण के, सुंदर और सुकेश।
मानो देव उतर आए हों, धरकर शिशु का भेष।।

दर्शन को दशरथ नंदन के, देवलोक से चलकर।
काग भुसुंडी, शिवशंभू भी, आए रूप बदलकर।।
दूर-दूर से नगर निवासी और सुर-मुनि भूप।
मुग्ध हुए सब देख हरि का अनुपम शिशु स्वरूप।।

झूले रामलला पलना में, संग में तीनों भैया।
बड़े लाड़ से उन्हें झुलावें, झूला तीनों मईया।।
भव बंधन में झूल रहे हैं, भव सिंधु के खेवइया।
भजले मनवा राम रमा, जय रामा राम रमइया।।

शैशव बीता खेलकूद में, बाल्य अवस्था आई।
निज अनुजों के संग गुरु गृह गए पढ़न रघुराई।।
रोम-रोम में जिसके दर्शन, श्वाश-श्वाश में वेद।
गुरुकुल में वे सीख रहे हैं, नीति धर्म का भेद।।

अल्पकाल में ही सब सीखे, नीति, धर्म, विज्ञान।
शस्त्र-शास्त्र में निपुण हुए सब बने वीर-विद्वान।।
सभी गुणों में पारंगत हो, पहुँचे जब पुर द्वार।
बालक से विकसित हो लौटे, सुंदर तरुण कुमार।।

सूर्यवंश के सूर्य द्वार पर पहुँच कौशलाधीश।
स्वागत में श्री गुरु चरणों के, नवा दिया निज शीश।।
गुरु पद पंकज पाणि जोड़कर, बारंबार पखारे।
आयसु पाकर गुरु वशिष्ठ से, तब सुत चारि निहारे।।

चारों सुंदर शिशु सुकोमल, हुए धनुर्धर वीर।
आने का शुभ समाचार पा, माँ सब हुई अधीर।।
अवधपुरी के व्योम वायु में, छाया नव उत्कर्ष।
नगर निवासी बाल वृद्ध सब, लगे मनाने हर्ष।।

ढोल नगाड़े गाज-बाज संग, जय-जयकार लगाते।
नर-नारी सब नर्तन करते, रंग गुलाल उड़ाते।।
रामलला के दर्शन से, पुरवासी नहीं अघाते।
निकट पहुँचने रघुवर के, एक दूजे को धकियाते।।

पहुँच गए सब धूम धाम से, राज भवन के पास।
ममता का आँचल सूखा था, अँखियन में थी प्यास।।
पलक बिछाए, थाल सजाए, कुमकुम टीका चंदन।
माताएँ सब खड़ी द्वार पर, करने को अभिनंदन।।

देख नयन से नीर झर पड़े, अब तक थे जो रोके।
जैसे कोई वस्तु अमोलक, मिल जाए फिर खोके।।
एक-एक कर माताएँ सब, हिय से लगी लगाने।
मस्तक पर चुंबन दे देकर, बालों को सहलाने।।

मिले कैकेयी, मातु सुमित्रा, फिर कौशल्या राम।
ममता के आंचल में पाया, त्रिभुवन ने विश्राम।।
ममता के आंचल की ही बस, इतनी बड़ी विसात।
स्वयं सिमट आते हैं इसमें, जगतपिता रघुनाथ।।

ममता है सौभाग्य मनुज का, ममता है वरदान।
ममता के तो ऋणी रहे हैं, सदा स्वयं भगवान।।
कौन है कि जो चुका सकेगा, ममता का ऋण–भार।
ममता का अपमान खोलता, सभी नरक के द्वार।।

ममता के आलिंगन से ही, पुष्प लता सब फूलें।
ममता का सम्मान धरा पर, कभी न कोई भूले।।
पाठ यही सिखलाने को तो, सदा स्वयं रघुनाथ।
नित प्रति प्रातः काल नवाते, माता–पिता गुरु माथ।।

निर्मल चित्त–चरित्र के राघव, शील धर्म की खान।
नयन नेह से सिक्त, अधर पर मृदुल मंद मुस्कान।।
मातु–पिता गुरु की बातों का, सदा करें सम्मान।
आयसु पाकर ही करते हैं, पुर के सारे काम।।

मातु–पिता की सेवा में रत, रहें सदा रघुवीर।
संग भरत और लखन शत्रुघन, उनके अनुज प्रवीर।।
देख चरित चारों भाई का पितु मन भा संतोष।
पूत–सपूत हो जिसके, उसको; व्यर्थ धरा का कोष।।

चतुर्थ विश्राम

पंचम सोपान

(अहिल्या उद्धार)

जिसके जीवन का जितना उत्कर्ष बड़ा होता है।
पीछे उसके उतना ही उत्सर्ग बड़ा होता है।।
स्वर्णिम शिखर के पीछे का है कौन समझता मर्म।
कितने यत्न समाए इसमें, और कितने सत्कर्म।।

बिना किए कुछ जग में बोलो नाम कहाँ मिलता है।
दूर राह के राही को, विश्राम कहाँ मिलता है।।
ढका भले हो मेघों से, पर सूरज दिख जाता है।
पता स्वयं का आसमान में, साहस लिख जाता है।।

पाकर पता पराक्रम का तब विश्वामित्र जी आए।
श्री दशरथ ने महामुनी के पावन चरण धुलाए।।
पूछा मुनिवर! कहें दीन पर, आज कृपा की कैसे।
सेवा को तत्पर सेवक है, आज्ञा हो प्रभु जैसे।।

''विश्वामित्र मुनि ने अपना सब वृतांत सुनाया।
आने का उद्देश्य भी राजा दशरथ को समझाया।।
तपस्थली में असुर हमेशा करें तपस्या भंग।
असुरों से रक्षा को भेजो राम लखन दुई संग।।''

सुनकर महामुनि की बातें, दशरथ कहे सभीत।
''बालक ये असुरों से मुनिवर, नहीं सकेंगे जीत।।
हो आदेश यदि कहिए तो, मैं चलता हूँ साथ।
प्रभो! आपकी सेवा में है, सेना भी तैनात।।''

"पर ये दोनों बालक मुनिवर, मेरी आँख के तारे।
प्राण माँगिए इन्हें नहीं, ये मुझे प्राण से प्यारे।।
देकर इनको मुनि श्रेष्ठ मैं, कैसे जी पाऊँगा।
यह वियोग का गरल कहें, मैं कैसे पी पाऊँगा।।"

गुरु वशिष्ट ने तब दशरथ को, विविध भांति समझाया।
राम नहीं हैं मनुज सहज, ये मर्म उन्हें बतलाया।।
तब गुरु इच्छा का आदर कर, वचन मुनि का मान।
भेजे विश्वामित्र मुनि संग, लखनलाल और राम।।

वनस्थली के विपिन मार्ग में, सुनकर के ललकार।
श्री राघव ने एक बाण से, दिया ताड़का मार।।
आगे भी करने को खल-दल दनुजों का संहार।
श्री राघव को दिया मुनि ने, शस्त्रों का उपहार।।

तपोभूमि में पहुँच राम ने, किया सुबाहु ध्वंस।
लखनलाल ने किया, असुर की सेना का विध्वंस।।
आग बबूला हुए समर में, मारीच जब आया।
धार रहित शर मार उसे, शत योजन पार गिराया।।

कर असुरों का अंत, किया सब संतों को भयहीन।
सबहि सहायक सबल के, पर राम सहायक दीन।।
इसीलिए तो रामचंद्र, करुणानिधान समुझाव।
दीन-हीन, सुर-संत-असुर पर, कृपा करें समभाव।।

फिर कुछ दिन रुक तपस्थली में, संत मुनि के संग।
हरिनाम हरि कथा श्रवण का, पाया शुभ सत्संग।।
संगति की महिमा महान है, सरल करें या वक्र।
चुटकी भर दधि कर देती है, पयो-पयोधि तक्र।।

इसी बीच मिथिला नगरी से, आया शुभ संदेश।
जनक राज का कौशिक मुनि को, आग्रह अमित विशेष।।
रचा जा रहा जनक सुता का, अतिशय दिव्य स्वयंबर।
कृपया करके अवश्य पधारें, शिष्यों के संग मुनिवर।।

कर स्वीकार निमंत्रण मुनिवर, लिए लखन और राम।
होनी को शुभ जान किए, सब मिथिला को प्रस्थान।।
पथ में राघव ने देखा एक दिव्य कुटी वीरान।
नहीं कोई था पड़ी वहाँ थी, एक शिला निष्प्राण।।

निर्जन वन की दिव्य कुटी में, पड़ी शीला को देख।
श्री रघुवर ने पूछा - ''मुनिवर कहें कृपा करि भेद।।
बोले मुनिवर - ''सुनो राम! यह शिला नहीं नारी है।
नाम अहिल्या गौतम ऋषि की, वामा दुखियारी है।।''

''देवराज के कपट जाल में फंसकर के अनजान।
पाया शाप पति का जिससे हुआ रूप पाषाण।।
देख रही अब राह तुम्हारी, तुम इस पर उपकार करो।
चरण धूलि का परस कराकर, तुम इसका उद्धार करो।।''

श्री रघुनायक द्रवित हुए, सुन शाप अहिल्या भारी।
पद पंकज का परस कराकर, किए अहिल्या नारी।।
शाप मुक्त कर, आशिष देकर, किए राम प्रस्थान।
करामात यह चरण कमल की, जाने सकल जहान।।

चलते चलते मुनिवर के संग, लखनलाल रघुवीर।
निकट आ गए दृश्य जहाँ से, जनकपुरी प्राचीर।।
आने का संदेश मुनि के, जब विदेह जी पाए।
गुरु विप्र संग स्वयं द्वार पर, अगुवानी को आए।।

लेकर नगर प्रवेश किए, गुरु आसन पर बैठाए।
प्रेम पुलकि सादर पद वन्दे, पुनि मुनि चरण धुलाए।।
बार-बार मुनि आशीष देकर, पूछ रहे कुशलाई।
समीपस्थ गुरु सेवा में है, खड़े लखन रघुराई।।

देख समीप खडे दो बालक; शीलवंत, गुणवान।
जनकराज ने पूछा मुनि से, क्या इनकी पहचान।।
क्या ये कोई राजपुत्र है, वीरव्रती धनुधारी।
या मुनि कुल की संतति कोई, ऋषि सिंधु के वारि।।

''कौन ये बालक हैं जिन पर, आसक्त हो रहा हूँ मैं।
कहें कौन ये दोनों जिनका, भक्त हो रहा हूँ मैं।।
अनासक्त मेरा मन जग में, मैं विदेह कहलाता।
फिर क्यों इनको देख सहज ही मन मेरा अकुलाता।।''

''हे राजन! तुम सत्य समझते, दोनों जग को प्यारे।
दोनों भाई राम लखन हैं, दशरथ राज दुलारे।।
यज्ञ हवन में विघ्न डालते, असुर जनों के डर से।
धर्म रक्षणा को ले आया, मैं इनको पितु घर से।।''

''श्याम वर्ण यह शीलवंत जो, सब रत्नों की खान।
दशरथ नंदन ज्येष्ठ पुत्र हैं, परम प्रतापी राम।।
यह जो उनके पास खड़े हैं, परम साहसी वीर।
अनुज राम के नाम लखन है, योद्धा परम प्रवीर।।''

''भाग्य हमारा जो कर पाए, रघुकुल का आतिथ्य।
पुण्य कर्म से मिलता है शुभ संगति का सानिध्य।।''
मंत्र मुग्ध हो देख रहे हैं, जनक राज श्री राम को।
आग्रह कर सबको ले पहुँचे, अतिथि गृह विश्राम को।।

प्रहर शेष था अभी क्षितिज में, अरुण अस्त होने में।
नगर भ्रमण की तीव्र लालसा, उठी लखन के मन में।।
जान लालसा नगर भ्रमण की, कृपासिंधु रघुराई।
आयसु लेकर नगर विलोकन, चले संग दोऊ भाई।।

पीतांबर तनु शोभित कटि में, शायक भरा तुणीर।
ग्रीवा सिंह वक्षस्थल मेरु, श्यामल गौर शरीर।।
मेचक कुंचित केश धनेरे, मुखमंडल अति धीर।
स्कन्ध चाप गंभीर धरे, पुर देखन चले प्रवीर।।

राम लखन की अतुलित शोभा देख मुग्ध पुरवासी।
झर-झर नीर बहे नयनों से, अब तक थी जो प्यासी।।
सुनते ही बेसुध हो दौड़े, छोड़-छाड़ सब काम।
गली झरोखों से निमग्न हो, लखे लखन अरु राम।।

देख देख सब सोच रहे हैं, ये दो बालक कौन।
जिनके सम्मुख कामदेव भी, पाते खुद को गौण।।
शिव शंभू सा तेज है जिनमें, विष्णु देव सी काया।
जिनके सन्मुख पानी भरती, तीन लोक की माया।।

ये दोनों क्या दिव्य पुंज हैं, या कि ऋषि कुमार।
अथवा दोनों क्षत्रिय सुत हैं, कोई राजकुमार।।
''सुनो सखी! ये दोनों तो हैं, दशरथ नन्दन वीर।
पीछे अनुज लखन हैं गोरे, आगे श्री रघुवीर।।''

लगी मनाने सखियाँ शिव से, राम धनुष को तोड़े।
जनक सुता सीता-सखी से, रघुवर ही नाता जोड़े।।
लगे प्रार्थना करने, मन ही मन में सब पुरवासी।
मिलें जानकी-रामचंद्र के ग्रह, गुण, फल और राशि।।

नगर भ्रमण कर लौटे दोनों, तब गुरु सन्मुख जाकर।
नगर भ्रमण वृतांत सुनाया, गुरु को शीश नवांकर।।
फिर दोनों ने गुरु-मुनि के संग, करके संध्या पूजन।
चरण चाप गुरु का तब सोये, करके दोनों भोजन।।

पंचम विश्राम

षष्टम सोपान

(फुलवारी प्रसंग)

प्रातः उठे लखन रघुराई, स्नान-ध्यान करके दोऊ भाई।
नित्य नियम गुरु के अनुकूल, चले जुटाने पल्लव फूल।।
पहुँचे जनक राज कुसुमाकर, माली से तब अनुमति पाकर।
चुनने लगे कुसुम बेल पत्र, चुन-चुन करते हैं एकत्र।।

तभी बाग में जनक पुनीता, सखियों के संग माता सीता।
पहुँची गौरी दर्शन को, मनवांछित वर अर्चन को।।
पूजन हेतु चढ़ाने को जल, पहुँची लेने सखियाँ तट सर।
देखी तब छवि राम की, पतित पावन धाम की।।

हुई बावरी, छोड़ बावड़ी, सरपट लेकर आई।
जनक-सुता संग सभी सखिन्ह को, खड़े जहाँ दोउ भाई।।
नीलवर्ण श्रीराम प्रभु संग, गौर लखन को देख।
आभासित ज्यों धवल दामिनी के संग शोभित मेघ।।

सिय ने लेकर ओट लता की, राघव दर्शन पाया।
देख रही अनिमेष राम को, मनवा नहीं अघाया।।
नयनों को तब मूँद छवि को, बसा रही निज मन में।
प्रेम मयूरा नाच रहा है, सीता के मन घन में।।

पुलकित भृंग सिया के मन का, राम कंज पर मोहे।
सिया चकोरी के चितवन को, रामचंद्र ही सोहे।।
भर-भर लोचन राघव-रस का, करती हैं दृगपान।
इस पुनीत मन-भाव का जग में, ना कोई उपमान।।

खनक पैजनी ने भेजा, तब रघुवर को संदेश।
धन्य हुए हम प्रभु! पधारे आप हमारे देश।।
सुन आहट पाजेब की राघव, ने जब शीश उठाया।
पुष्पलता की आड़ लिए, सीता को सन्मुख पाया।।

मिले नयन से नयन खिल उठे प्रेम कुमुद हिय सर में।
मिले नयन से नयन तो जैसे मिला प्राण ईश्वर में।।
मिले नयन से नयन तो जैसे मिटे हृदय के शूल।
एक दूजे में डूब हुए, एक दूजे के अनुकूल।।

नयनों ही नयनों में कह सुन समझ लिए सब बात।
नयनों से बेहतर कह-सुनता कौन भला जज़्बात।।
नयन कहे तो सुने नयन ही, बिन बोले एक बोल।
मुदें नयन भी कह जाते हैं बातें कई अमोल।।

नयनों की भाषा का होता, है ऐसा विस्तार।
बिना कहे एक शब्द भी, कह जाते हैं राज़ हज़ार।।
नीर नयन के बहे जहाँ, है शब्दों का क्या ज़ोर।
ख़ामोशी के भावों को हैं, शब्द बनाते शोर।।

मन में भरकर छवि राम की, गौरी सन्मुख जाकर।
वर माँगा, वर राम मिलें, सीता ने शीश नवाकर।।
चली सिया फिर सखियों के संग, राजभवन की ओर।
काया को ले संग मगर, मन फुलवारी में छोड़।।

षष्टम विश्राम

सप्तम सोपान

(धनुष यज्ञ एवं स्वयंवर)

सजा हुआ बेदी पर मध्ये, चाप पिनाक प्रचंड।
वरे जानकी को जो तोड़े, शिव का यह कोदंड।।
किया घोषणा जनक राज ने, "मेरा ऐसा प्रण है।"
सच मानो तो नहीं स्वयंबर, यह प्रत्यक्ष एक रण है।।

जो कोई भी शिव के धनु को, करे उठाकर खंडित।
जनक नंदिनी वरमाला से, उसे करेगी मंडित।।
एक से एक महाभट योद्धा, बली वीर से वीर।
एक से एक महाबलशाली, भूधरकार शरीर।।

एक से एक असुर-सुर-दानव राजा, राजकुमार।
आस लगाए सभी पधारे, सप्त सिंधु कर पार।।
उसी सभा में कौशिक मुनि संग, बैठे हैं दोऊ भाई।
धरे चाप-सर रघुकुल भूषण, राम लखन सुखदाई।।

हुआ स्वयंवर शुरू तो सारे, खल कामी अभिमानी ।
डिगा न पाए शिव के धनु को, हार सभी ने मानी।।
सभा स्तब्ध है, हतप्रभ हैं सब, सभी अचंभित मौन।
इस कठोर शिव धनु का आखिर, भंजन करेगा कौन।।

सिया-जनक, अरु मातु सुनयना, क्षोभ ग्रसित अति भारी।
क्या मेरे इस प्रण के कारण, बेटी रहे कुवांरी!!
क्या कोई भी शेष नहीं है, वीर-व्रती बलशाली।
क्या यह मानूँ आज ये धरती, है वीरों से खाली।।

सुन सायक से वचन जनक के, लखन कुपित हो डोले।
सावधान हे राजन! जो अब एक शब्द भी बोले।।
नहीं ज्ञात क्या इसी सभा में रघुवंशी बैठे हैं।
उनके रहते वीर नहीं, यह कैसे कह सकते हैं।।

इतना सुनकर भी तो अब मैं मौन नहीं रह सकता।
यह अपमान वीरता का मैं सहन नहीं कर सकता।।
हो आज्ञा जो प्रभू राम की, सभा उलट के रख दूं।
धनुष भला क्या चीज़, ये सारी धरा पलट के रख दूं।।

सुन ललकार लखन की थर-थर कांप रहे पुरवासी।
लगी फड़कने बाहु लखन की हो रण की अभिलाषी।।
देख सभीत सभी को राघव ने तब नजर उठाया।
नज़रों के आदेश से लक्ष्मण को आसन बैठाया।।

कहा, ''धृष्टता क्षमा करें, जो हुई लाल लक्ष्मण से।
तनिक ठोस है बाहर से पर अति निर्मल है मन से।।
नहीं हमारा तनिक इरादा, हरें किसी का मान।''
हाथ जोड़कर विनय कर रहे, अति विनम्र हो राम।।

है सच्चा पुरुषार्थ उन्हीं में, विनयशील जो जन हैं।
जिनकी मृदु-शीतल गुण-वाणी, निर्मल जिनका मन है।।
क्षमा, दया, तप, त्याग, मनोबल जिनमें ये सद्गुण है।
जीवन के इस समर क्षेत्र में, योद्धा वह अक्षुण्ण है।।

विश्वामित्र मुनि तब आयसु दिए राम को 'जाओ'।
'शिव धनु को निज हाथ उठाकर उस पर चाप चढ़ाओ।।
हरो जनक का क्लेश, दिखाओ शीलवंत बल अपना।
कर विदेह व्रत पूर्ण करो तुम जनकराज का सपना।।'

हो मानव प्रण पुण्य अगर तो, पूर्ण सदा होता है।
शीलवंत सत्कर्मी का उत्कर्ष सदा होता है।।
देख हौसला राहों के पथ-शूल भी बनते फूल।
देव बनाते पुण्य पथिक का मार्ग सदा अनुकूल।।

गुरु पद पंकज आयसु पाकर, स्मरण किए पितु-मातु।
तब पुनि शंकर पार्वती को नमन किए नत माथ।।
करि प्रणाम, फिर धनुष बेदी को, धनु को हाथ लगाया।
स्पर्श मात्र से रामचंद्र ने, शिव का धनुष उठाया।।

बड़े-बड़े जो डिगा न पाए सहज हाथ में आया।
कैसे आखिर रामचंद्र जी ने यह धनुष उठाया।।
बात बड़ी आसान समझ लो, यह कुदरत का नेम।
बल वैभव ना कर पाते जो, कर सकता है प्रेम।।

चाप चढ़ाकर बड़ी सुगमता से कर धनुष का भंजन।
किया राम ने, जनक-सुनयना, पुरवासी का रंजन।।
तीक्ष्ण नाद से धनु भंजन की, दहल उठा ब्रह्मांड।
विस्मित असुर, मुनि पुरजन यह, योद्धा कौन प्रकांड।।

संत ह्रदय निर्मल मन जन ही, समझ सके यह बात।
धनुष तोड़इया विष्णु रूप है, सुरनायक रघुनाथ।।
लगा गूंजने शंखनाद, जयनाद राम चंहुओर।
सुर नर मुनि सब संत समाजी, हुए निमग्न विभोर।।

जिसका जिस पर प्रेम सत्य है, वह उसको पाता है।
प्रभा प्रेम में नव किसलय भू-भेद निकल आता है।।
प्रेम सत्व है जगती का है, प्रेम दिव्य वरदान।
प्रेमवशी हो शबरी के घर जाते श्री भगवान।।

इतने में मुनि परशुराम जी क्रोधित होकर आए।
धनुष तोड़इया सावधान हो! सभा मध्य चिल्लाए।।
धृष्ट कौन है! जिसने शिव का मान किया है मर्दन।
सन्मुख आए काट गिराऊँगा मैं उसकी गर्दन।।

राम सहज ही मृदुल भाव से, सन्मुख आकर बोले।
''कारक मैं हूँ मुनिवर, जिससे आप कुपित हो डोले।।
जो कुछ दंड हो मुनिवर, वो इस दास राम को दीजै।
श्रेष्ठ आप हे भृगुकुल नायक! क्रोध शांत अब कीजै।।''

राम वचन सुन अति सुखदायी, परशुराम समझे प्रभुताई।
समझ गए अवतार राम है, मर्यादा के पुण्य धाम हैं।।
श्रीहरि को पहचान, करके नमन प्रणाम।
किए हरषि प्रस्थान, वन को श्री परशुराम।।

भरी सभा में गूंज उठा, राम नाम जय घोष।
शीलवंत पर न्योछावर है, त्रिभुवन का भी कोष।।
ज्येष्ठ-श्रेष्ठ के सन्मुख होकर, विनय शील भगवान।
सिर्फ राम से बन गए, मर्यादा पुरुषोत्तम राम।।

अति आनंद विभोर जनक ने, राम सिया को देख।
अवधपुरी में श्री दशरथ को, भेजा शगुन संदेश।।
गाजे-बाजे मणिरत्नों संग, अन्य कई सौगात।
और निमंत्रण की ले आएँ, जनकपुरी बारात।।

पाकर यह संदेश अवध में घिर आया सुबसंत।
जन-जन के आनंद मोद का रहा आदि ना अंत।।
लगे गूंजने घर-घर में तब मंगल गीत बधाई।
माताएँ सुन समाचार यह फूली नहीं समाई।।

लग्न सुमंगल देख किए श्री मिथिला को प्रस्थान।
बाराती-बारात का जग में ना कोई परिमाण।।
शंख दुंदुभी, हाथी-घोड़े, मुक्ता, मणि बहुरंग।
साथ सजी है अस्त्र-शस्त्र संग सेना भी चतुरंग।।

पहुँच गई बारात अवध से श्री मिथिला के द्वार।
जनक राज ने खूब निभाया जनकपुरी सत्कार।।
श्री दशरथ संग गुरु विप्र को पाकर जन्म सुफल है।
जनक मुग्ध है, एक नहीं यह कई जन्म का फल है।।

शुभ विवाह संपन्न हुआ श्री राम जानकी संग।
भरत मांडवी संग, उर्मिला रंगी लखन के रंग।।
श्रुतिकीर्ति शत्रुघ्न हुए एक-दूजे से परिपूर्ण।
चारों युगल जोड़ियाँ शोभित, एक-दूजे संग पूर्ण।।

सियाराम की जोड़ी शोभित जैसे हंस युगल हो।
जैसे नील सरोवर में शोभित एक कंज धवल हो।।
जैसे पूरणमासी निशि में पूर्ण खिला हो चंद्र।
ऐसे श्री रघुवीर सुशोभित मातु जानकी संग।।

लेकर दशरथ नवल युगल को पहुँच गए निज धाम।
पाकर बहुओं को पाया माताओं ने विश्राम।।
पूजन-परछन करती, करती मधुर हास्य परिहास।
माताएँ लेकर पहुँची, नववधुओं को रनिवास।।

रस्में सारी पूर्ण हुई, आनंदित अवध अनूप।
धन्य-धन्य माताएँ तीनों, धन्य अवध के भूप।।
धन्य हुए सब पाकर सीता-राम युगल छवि दर्शन।
जिसकी एक झलक कर देती, भव पापों का मर्षण।।

जब से सीता राम व्याह कर अवधपुरी को आए।
सुख समृद्धि वैभव के सब, मेघ अवध पर छाए।।
बरस रहा आनंद अवध के हर आंगन पुर ग्राम।
सदा बसे सौभाग्य वहाँ पर, जहाँ बसे हों राम।।

सिया राम की युगल छवि निज मन में धारण करके।
सिया राम का नाम सदा मन में उच्चारण करके।।
सिया राम की कृपा अलौकिक से मैं मूर्ख प्रकांड।
सिया राम को अर्पण करता हूँ यह बालक कांड।।

सप्तम विश्राम

।। इति श्री बाल रामायण - बाल काण्ड सम्पूर्ण।।

श्री बाल रामायण

अयोध्या काण्ड

॥श्री राम॥

श्री गणेशाय नमः

श्री बाल रामायण – अयोध्या काण्ड प्रारंभ

प्रथम सोपान

(श्री राम वनवास)

सियाराम का पुण्य स्मरण कर बारंबार प्रणाम।
सियाराम से बढ़कर जग में सियाराम का नाम।।
सियाराम है कारक जग के करें पूर्ण सब काम।
सियाराम जी इस जगती का सदा करें कल्याण।।

सिया राम से अवध सुशोभित छाया परमानंद।
भूप रानियां पुरवासी सब नित प्रतिपल सानंद।।
सबके मन का एक मनोरथ बने राम पुर–राजा।
सौंप भूप दें राम चंद्र को सिंहासन पुर–काजा।।

देख पके निज केश जानकर राम सर्वगुण समरथ।
यही मनोरथ लेकर पहुँचे गुरु चरणों में दशरथ।।
श्री वशिष्ठ को शीश नवाकर अभिलाषा बतलाई।
यह मनुहार भूप की गुरुवर के मन को अति भाई।।

राजा ने फिर देकर राजभवन में शुभ संदेश।
मंत्रीगण को दिया उचित तैयारी का निर्देश।।
गुरुवर ने समझाकर सारी, रस्म विधि अनुकूल।
तीर्थों से मंगवायी माटी, जल पल्लव और फूल।।

बजे नगाड़े ढोल दुंदुभी समाचार फैलाया।
दशरथ ने श्री रामचंद्र जी को युवराज बनाया।।
सारे नगर-भवन को सुंदर दुल्हन सा सजवाओ।
शीघ्र करो तैयारी सारे घर-घर दीप जलाओ।।

समाचार शुभ पाकर छाया वासंती उत्साह।
जन-मन में आनंद समाया, अनुपम और अथाह।।
होने लगी तैयारी सारी जोर शोर से पूरी।
सबका यही प्रयास रहे ना कोई कसर अधूरी।।

माताओं ने ममता से भर अति आनंद मनाया।
जो भी द्वारे पहुँचा उसने मोल अमोलक पाया।।
पूजन अर्चन दिव्य हवन कर, ब्राह्मण भोज कराया।
करके वंदन विप्र जनों का सबको शीष नंवाया।।

लखनलाल भी तन्मयता से, तैयारी में रत है।
प्रभु राम की सेवा करते, राम नाम सुमिरत है।।
भरत शत्रुघन नहीं अवध में, गए हुए ननिहाल।
अनजाने वे अवधहाल से, ये माया की चाल।।

पूर्ण हुई तैयारी आई राजतिलक की बारी।
देवों ने तब सोच समझकर युक्ति एक विचारी।।
सोच रहे यदि कल प्रातः को बनेंगे राजाराम।
तो कैसे असुरों से पृथ्वी का संभव है त्राण।।

पहुँचे सारे हंसवाहिनी के सम्मुख कर जोड़े।
किए अनुग्रह करो कृपा माँ, राम राज्य को छोड़ें।।
करो मातु कुछ ऐसा जिससे बने न राजा राम।
कुछ ऐसा कि जिससे राघव करें विपिन प्रस्थान।।

बात मान देवों की माता सरस्वती ने सोचा।
वसुधा का कल्याण निहित जिसमें वैसा ही होगा।।
कैकेयी की चेरि मंथरा की मति फेर के आई।
मातु शारदा ने दासी में खल बुद्धि उपजाई।।

दहक उठा अंगार द्वेष का कुटिल मंथरा मन में।
सर्प दंश सा लगता उसको उत्सव राजभवन में।।
उसने जाकर कैकेई के मन में आग लगाई।
सुनो हे रानी! अब तो समझो तेरी शामत आई।।

बने जो राजा राम तो होगा कौशल्या का राज।
उसके ही सर पे बस होगा रानीमाँ का ताज।।
तुम सौतेली रहो महल में, सहो जगत उपहास।
भरत लाल के संग तुम्हें भी होगा अतिशय त्रास।।

इसीलिए यह युक्ति मेरी सुनलो ध्यान लगाकर।
वरना हाथ मलोगी रानी जीवन भर पछताकर।।
आज रात का समय शेष है, जो करना है कर लो।
दो वर शेष जो दशरथ पे हैं, आज वही तुम वर लो।।

त्याग सभी श्रृंगार त्वरित तुम, कोप भवन में जाओ।
दशरथ को निज मोह पाश में, ऐसा बुरा फसाओ।।
कि सौगंध राम की ले लें, मनचाहा वर देंगे।
दोनों वर को देने से वे, पीछे नहीं हटेंगे।।

तब जाकर मनभाव ये कहना, बने भरत युवराज।
राम चतुर्दश बरस को जाएँ, राज छोड़ बनवास।।
दोनों वचन निभाने को जो भूप करें स्वीकार।
बाहर आने कोप भवन से तब होना तैयार।।

इससे पहले कैकेई तुम बिल्कुल मान न जाना।
राजा की चिकनी चुपड़ी बातों में मत आ जाना।।
वरना तो पछताओगी तुम, सुनो कैकेई रानी।
बहुत बुरा होगा जो तुमने बात न मेरी मानी।।

हुई कुटिल मति कैकेयी की, होनी के वश होकर।
किया मंथरा का सिखलाया, सुध बुध अपनी खोकर।।
जाकर बैठी कोप भवन में केश-भेष बिखराकर।
त्याग सभी श्रृंगार साज, कैकेयी गाल फुलाकर।।

सांझ परे जब राजा कैकेयी से मिलने आए।
रानी बैठी कोप भवन में समाचार यह पाए।।
हुए सशंकित सोच रहे कि आखिर ऐसा क्यों है।
इस मंगल बेला में रानी कोप भवन में क्यों हैं।।

पहुँचे कोप भवन तो देखा रानी क्रुद्ध कुपित हैं।
भेष, भंगिमा, भाषा से, लगता कि अति प्रकुपित हैं।।
स्नेह सिक्त अवनीपति बोले 'कहो कष्ट का कारण।
कर सकता हूँ कहो प्रियतमे! कैसे शोक निवारण।।'

"कहो तोड़ लाऊँ मैं नभ से, सूरज चांद सितारे।
कहो प्रेयसी कर दूंगा मैं, पूर्ण मनोरथ सारे।।
जो भी चाहो माँग करो तुम, पर यूं मुख ना मोड़ो।
चंद्रमुखी अब मान भी जाओ, कोप भवन को छोड़ो।।"

बोली विहसि कैकेयी, "राजन! दिया मुझे क्या अबतक।
बातों ही बातों से बस बहलाओगे तुम कब तक।।
पूर्ण यदि करने का राजन, हो कुछ प्रबल विचार।
तो मेरे दोनों वर दो, जो अब तक रहे उधार।।"

"वरना जाओ छोड़ दो नाटक प्रेम प्रणय का मुझसे।
मेरा ना संबंध कोई है आज अभी से तुझसे।।
जाओ तुम क्या दे पाओगे, मेरे दो वरदान।
तुमको मुझसे प्रेम नहीं है, गई तुझे पहचान।।"

सुन विष बाण कैकेयी के, राजा आहत हो बोले।
"मेरा तुझ पर स्नेह बहुत है, जो चाहे तू ले ले।।
पूर्ण करूँगा वचन प्रिए मैं, जो चाहे तू माँग।
वचन निभाते हैं रघुवंशी देकर के भी प्राण।।"

पर इतने पर भी रानी गर तुझे नहीं विश्वास।
तो बस केवल एक तरीका बचता मेरे पास।।
ले सौगंध राम की लेकर वचन तुझे देता हूँ।
जो माँगेगी पूर्ण करूँगा, मैं यह प्रण लेता हूँ।।

समझ गई रानी की अब तो सही समय आया है।
सिंह साहसी किसी तरह से पिंजरे में आया है।।
मारूँ चोट हथोड़े कि, अब लोहा हुआ गरम है।
राम शपथ राजन के प्रण का मानक शीर्ष चरम है।।

मुस्काई रानी कैकेई सही समय को जान।
दशरथ जी से माँगे उसने अपने दो वरदान।।
'पहला वर कि बेटा मेरा भरत बने पुर भूप।
दूजा राम विपिन को जाएँ धर बनवासी रूप।।'

''चौदह बरस को भेजो राजन राम को तुम बनवास।
एक रात का समय शेष है बचा तुम्हारे पास।।
कहो राम को सुबह सवेरे करे विपिन प्रस्थान।
शपथ राम की लिए हो राजन, रखो उसका मान।।''

कुटिला की बातों का ऐसा हुआ घोर आघात।
मूर्छित हो गए राजा सुनकर कैकेयी की बात।।
हुआ रात का अंत सुबह तक पता नहीं जब पाए।
पता लगाते तब सुमंत्र जी कोप भवन में आए।।

देखे भूपति को मूर्छित तो अतिशय विस्मित होकर।
रामचंद्र को लेकर आए सुध-बुध अपनी खोकर।।
श्री रघुनायक भी सुमंत्र से समाचार जब पाए।
एक पैर पे सरपट दौड़े कोप भवन में आए।।

मातु कैकेई के पद छूकर पूछे सब हालात।
कैकेई ने स्पष्ट बताई राम को सारी बात।।
''मैंने केवल दो वर माँगे नहीं बड़ा कुछ खास।
भरत लाल को राज्य, राम! और तुझे मिले बनवास।।''

''बस इतनी सी बात पे देखो मूर्छित गिरे पड़े हैं।
रघुवंशी के दर्शन छोटे केवल नाम बड़े हैं।।
तुम्हीं इन्हें समझाओ आखिर पुत्र ज्येष्ठ हो तुम।
धर्म नीति मर्यादा में सतगुणी श्रेष्ठ हो तुम।।''

समझाओ इनको कि अपना रोग-शोक अब छोड़े।
समझाओ इनको कि अपने वचन से मुंह ना मोड़े।।
''वचन निभाने से कोई क्या धर्म बड़ा होता है।
क्या ऐसा संताप शोक इनको शोभा देता है!!''

''बोले माता सत्य कहो जो और हो कोई बात।
क्या इतनी सी बात पे माता मूर्छित मेरे तात?
वन जाने में तो मेरा सब विधि कल्याण छुपा है।
केवल क्या इस बात पे माँ पितु को आघात हुआ है।।''

बोले राघव मृदुल भाव से माँ इसमें क्या शूल।
आज विधाता सब विधि माता हुए मेरे अनुकूल।।
वन जाने से माँ मुझको सुखकर सत्संग मिलेगा।
अनुज बंधु को राज्य मिलेगा, पितु का वचन पलेगा।।

माँ तुमने अनुकूल मेरे ही, है अपना वर मांगा।
राम इसे जो ना माने तो, होगा बड़ा अभागा।।
इससे बढ़कर सुफल सुअवसर वक्त भला क्या देगा।
मातु-पिता की सेवा का सौभाग्य भला क्या होगा।।

वे सुत बड़भागी होते जो ऐसा कुछ कर पाएँ।
मातु-पिता जिसका चरित्र सुन फूले नहीं समाएँ।।
मैं सहर्ष वन को जाऊँगा, माता नहीं दुखी हो।
दे आशीष तेरा ये ललना, माता सदा सुखी हो।।

मूर्छा भंग हुई राजन की, राम-राम रट-रट के।
देखे सन्मुख राम तो दशरथ, रोने लगे लिपट के।।
बोले – 'मेरी अपकीर्ति हो, चाहे यश हो धूल।
दिया जो मैंने वचन राम तुम, जाओ उसको भूल।।'

ना जाना बनवास पुत्र, मैं तुम बिन नहीं जीऊँगा।
यह वियोग विष राघव मेरे, कैसे कहो पियूंगा।।
मेरी भूल क्षमा करना सुत, मैं तेरा अपराधी।
भूल हुई जो मैंने इस, कैकेयी से की शादी।।

भूल हुई जो मोह पाश में बिना व्यक्ति पहचाने।
भूल हुई जो वचन दे दिया बिना सत्य को जाने।।
भूल हुई हे! राम कि मैं ना समझ सका चतुराई।
भूल हुई कि मुझको अबतक मृत्यु भी ना आई।।

नत होकर पितु के चरणों में बोले राम सुजान।
"हे पितु पावन! पूज्य आप हैं, तजें तात अज्ञान।।
धीर धरे कुछ जोर करें प्रभु! तजें शोक परिवाद।
राम करे प्रस्थान विपिन को देवें आशीर्वाद।।"

देख शीलता राघव की सब जन खड़े आवाक।
समाचार यूँ अवध में फैला, ज्यों जंगल में आग।।
जगह-जगह पर बात हो रही करें कौन विश्वास।
कि कैकेयी राम को कैसे भेज रही वनवास।।

इसलिए तो कहा गया है समय बड़ा बलवान।
इसीलिए तो ज्ञानी जन ना करें कभी अभिमान।।
कौन भला क्या कब तक तेरा, सब माया का फेर।
भगवन के घर देर है प्यारे लेकिन नहीं अंधेर।।

कौशल्या के पास पहुँचकर राम चरण को छूकर।
बोले पितु ने आज दिया है, राज्य अवध से बढ़कर ।।
माँ मुझको वन को जाना है, दे मुझको आशीष।
बोले राम सप्रेम मातु के आँचल में धरि शीश।।

सुनकर राघव की बातों को माता हुई अधीर।
ममता के आंचल से फिर से हुआ प्रस्फुटित क्षीर।।
धार अश्रु की झर-झर बहती कौशल्या के दृग से।
जैसे शावक बिछड़ रहा हो, अपनी माता मृग से।।

बोली -''राम विपिन को जाना यदि बस पितु आदेश।
तो तुम रुको कहीं ना जाओ, है मेरा अनुदेश।।
पर जो इसमें ज़रा समाहित सम्मति है माता की।
तो तुम इसको ईच्छा जानो स्वयं विधाता की।।''

''मातु-पिता की इच्छा का जो करे राम सम्मान।
वो बन जाता सहज ही जग में पुरुषोत्तम श्रीराम।।
जाओ यह आशीष है मेरा, वचन पिता के पाल।
लौटो शीघ्र कुशल से पूरे करके चौदह साल।।''

''वन के देव तेरे पितु होंगे, वन्य देवियाँ माता।
वन के जीव रहेंगे तेरे राम मित्र अरू भ्राता।।
धर्म, नीति, सत, शील, ज्ञान का करना तुम अभ्यास।
रघुवंश के पुण्य पितृजन सदा तुम्हारे साथ।।''

इतने में ही मातु जानकी लखन लाल भी आए।
माताश्री और रामचंद्र के सन्मुख शीश नवाए।।
किए विनय कि हम पर भी तो करें कृपा रघुनाथ।
विपिन धाम को हम भी स्वामी चलें आपके साथ।।

कौशल्या, श्री राम चंद्र ने सीता को समझाया।
जंगल बीहड़ - दुष्कर अतिशय, बहुत भांति बतलाया।।
सुनकर सारी बात कहा सीता ने "कष्ट सहूँगी।"
"पर जीते जी नाथ आपकी सहचरी बनी रहूँगी।।"

पत्नी का सौभाग्य श्रेष्ठ पति के ही संग सहल है।
स्वामी का हो साथ अगर तो कुटिया रंगमहल है।।
खूब रहूँगी सुख से स्वामी संग आपके वन में।
जो सुख प्रभु के श्री चरणों में, और कहाँ त्रिभुवन में।।

लक्ष्मण भैया भी रघुवर के चरणों में गिर करके।
अश्रुपूरित सजल नयन से बोले वो हठ करके।।
भैया मैं भी संग चलूँगा विपिन आपके साथ।
आप नहीं तो भैया मैं हूँ बालक एक अनाथ।।

आप ही मेरे गुरु सखा हो आप तात औ भ्रात।
लक्ष्मण का अस्तित्व आप हैं, हे! मेरे रघुनाथ।।
बचपन से ही प्रभो आपने किया मुझे है सिंचित।
होऊँगा निष्प्राण हुआ जो श्री चरणों से वंचित।।

बालक की जिद के सम्मुख ज्यों पिता हार जाते हैं।
वैसे ही रघुनायक मेरे सुन पुकार आते हैं।।
भक्तों की ही ज़िद को पूरी करते श्री रघुनाथ।
इसीलिए तो लखन सिया को लेकर अपने साथ।।

किए दंडवत पिता पूज्य को माताओं को वंदन।
वनवासी का भेष बनाकर लखन सिया रघुनंदन।।
अवधपुरी की माटी को निज शीश चढ़ाकर राम।
लखन जानकी संग चाप सर, किए विपिन प्रस्थान।।

अवध अभाग भयो तब ही, जब राम भये चौखट के पार।
राम चले वनवास ये सुनकर, मचा अवध में हाहाकार।।
सबके मन का यही अनुग्रह, सबके मन का यह उद्गार।
राम न जाओ हमें छोड़कर, कैसे होगा बेड़ापार।।

जो भी आया संग हो लिया, छोड़-छाड़ के सब घरबार।
बहुत भांति समझाते राघव, पर जाते हैं स्वयं ही हार।।
ऐसे अनुपम भक्त कहाँ हैं, कहाँ अनूठा ऐसा प्यार।
शब्द शांत है भाव व्यक्त हैं, बहती है असुअन की धार।।

पर माया का खेल निराला, होनी का यह प्रबल प्रहार।
होकर रहता होना है जो, ग्रहण करो चाहे प्रतिकार।।
होनी के वश होता सबकुछ, माया के वश में संसार।
भ्रमर जाल में फंसे हुए हैं, जिनके हाथों में पतवार।।

प्रथम विश्राम

द्वितीय सोपान

(केवट प्रसंग एवं चित्रकूट प्रस्थान)

अवधपुरी से तमसा तट, फिर श्रृंगवेरपुर गाँव।
गंगा तट पर बसा हुआ है, वह निषाद का ठांव।।
जहाँ पहुँच कर सिया-राम ने, किया दिव्य स्नान।
फिर खाकर के कंद मूल फल, किया रात्रि विश्राम।।

सुबह हुई तो श्री राघव जी, गंगा तट पर आए।
केवट जी से आग्रह करके, उनकी नाव मंगाए।।
बोले केवट भइया मेरी, पार लगा दो नइया।
केवट से पतवार माँगते, भव सिंधु के खेवइया।।

पर केवट ने कहा "राम! मैं, जानू मर्म तुम्हारा।
एक यही सरकार नाव है, मेरा परम सहारा।।
और तुम्हारी चरण धूली से हुई नाव जो नारी।
तो भूखे मर जाएं बच्चे, है सौगंध तुम्हारी।।"

"इसीलिए तो राम सुनो मैं पहले चरण पखारूँ।
तब जाकर के नइया अपनी गंगा पार उतारूँ।।"
सुन केवट के बैन अटपटे, विहसे राम सुजान हो।
निर्मल मन के मोह पाश में, बंध जाते भगवान हो।।

आयसु पाकर ले आया, जल एक कठौता भर के।
चरण पखारा चरणोदक को, ग्रहण हृदय से करके।।
स्वयं सहित परिवार पितृगण को भी उसने तारा।
तब जाकर के सिया राम को, गंगा पार उतारा।।

प्रेम पाश से बांध लिया केवट ने अपने जाल में।
केवट सा सौभाग्य किसी का नहीं किसी भी काल में।।
देव सुमन वृष्टि करते, केवट सा भाग्य मनाते हैं।
धन्य धन्य हे! केवट भइया, केवट का गुण गाते हैं।।

उतरे गंगा पार तो राघव, मन ही मन सकुचाए।
क्या देवे उतराई राघव को कुछ समझ ना आए।।
समझ गई मनभाव जानकी, देना है उतराई।
रत्न जड़ित अंगूठी खुद, राघव की ओर बढ़ाई।।

कहे राम – "हे केवट भइया! आभारी हम तेरे।
उतराई यह ग्रहण करो, है नहीं पास कुछ मेरे।।"
विलख पड़ा चरणों में गिरकर, बोला वह श्रीराम से।
उतराई देना हो तो तुम, देना अपने काम से।।

यूं तो हम तुम दोनों केवट, कर्म पंथ के भाई।
और प्रभु केवट से केवट, लेता ना उतराई।।
गंगा पार लगाता हूँ मैं, तुम भव पार लगाते।
हम तुम दोनों केवट होते, इसी धर्म के नाते।।

गंगा पार उतारा मैंने, तुम भव पार लगाना।
देना हो तो राघव मेरा, ऐसे मोल चुकाना।।
आज नहीं क्या पाया मैंने, करूण कृपा से तेरी।
जन्म जन्म के बाद मिली, मुझको वाज़िब मजदूरी।।
अब कुछ नहीं चाहिए मुझको, विनय यही बस आपसे।
चरण शरण में रखना हमको, रूठ न जाना दास से।।

विदा किए केवट को राघव निर्मल भक्ति दान कर।
पहुँचे तीर्थ प्रयाग वहाँ से, संगम में स्नान कर।।
भेंट किए मुनि भरद्वाज से, और तनिक विश्राम किए।
विदा लिए फिर आशीष पाकर, आगे को प्रस्थान किए।।

जिस जिस पथ से लक्ष्मण सीता राम विपिन को जाएँ।
एक झलक पाने को सब पूरवासी दौड़े आएँ।।
देख अलौकिक सुंदरता पुरवासी नहीं अघाते हैं।
चरण कमल की सेवा से वे फूले नहीं समाते हैं।।

पथ में दिव्य सुहावन पावन, पुण्य महर्षि धाम है।
जो त्रिकालदर्शी, विज्ञानी वाल्मीकि शुभ नाम है।।
किए दंडवत उन्हें राम जी, सादर शिश झुकाते हैं।
तुरंत उठाकर उनको मुनिवर, अपने हृदय लगाते हैं।।

बैठाए आसन देकर के, कुटिया में श्रीराम को।
और मंगाए कंद मूल फल इत्यादि जलपान को।।
कर आतिथ्य जन्मसुख पाए राम सकल गुण धाम की।
इन्हीं महर्षि वाल्मीकि ने रची रामायण राम की।।

पूछे राम बताएँ मुनिवर! हमको कोई स्थान परे।
जहाँ शीघ्र अतिशीघ्र विपिन में हम तीनों प्रस्थान करें।।
और बनाकर कुटिया कुछ दिन हम सब करें प्रवास जहाँ।
और बिताएँ सुख से मुनिवर कुछ दिन का बनवास वहाँ।।

कहे मुनीश्वर हे राघव तुम खुद अंतर्यामी हो।
कहाँ नहीं हो व्याप्त कहो तुम तो जग के स्वामी हो।।
कण-कण में हो बसे हुए सर्वत्र तुम्हीं को पाऊँ।
कहाँ नहीं हो राघव जो तुमको मैं स्थान बताऊँ।।

फिर भी पूछ रहे हो रघुवर तो तुम सुनो लगाकर ध्यान।
चित्रकूट है महीधर सुन्दर वही तपोवन का स्थान।।
वहाँ दिव्य मन्दाकिनी तट है, वहीं अत्री-अनुसुइया धाम।
वही श्रेष्ठतम उचित स्थान है, जहाँ करो तुम राम पयान।।

विदा लिए मुनिवर से राघव करके अनुज सहित सम्मान।
चलते चलते पहुँच गए वो चित्रकूट के पावन धाम।।
शोभा चित्रकूट अति प्यारी देख जिसे हर्षाए राम।
सलिल, समीर, अवनी, अम्बर, पावक तत्वों को किए प्रणाम।।

फिर मंदाकिनी की धारा में, किए दिव्य पावन स्नान।
चिन्हित कर मन्दाकिनी तट पर एक उचित ऊँचा स्थान।।
संग लखन अरु कोल-भील के कुटिया वहीं बनाए राम।
पर्ण कुटी की शोभा ऐसी देवलोक सकुचाए राम।।

द्वितीय विश्राम

तृतीय सोपान

(चित्रकूट प्रवास)

रहने लगे सिया संग राम, बनवासी बनके भगवान;
लेने असुरों से संग्राम, करने वसुधा का कल्याण,
छोड़ दिव्य साकेत सुधाम, धरा धाम पर आए राम...

बनकर चक्रवर्ती संतान, शीलवंत सुन्दर गुणवान;
माया, मर्यादा की खान, धारण करके राम सुनाम,
करने संतों का उत्थान, धरा धाम पर आए राम...

लेकिन समय बड़ा बलवान, इसके छल का किसको भान;
मातु–पिता आयसु शुभ जान, चक्रवर्ती दशरथ संतान,
अवध छाड़ी अवधेश प्रधान, चलें विपिन को सीता राम...

देने मर्यादा का ज्ञान, बनने पुरुषोत्तम श्री राम;
त्याग किए वैभव विश्राम, सहते शीत शुष्क अरु घाम,
खुद को खूब तपाते राम, पर्ण कुटी में रहते राम...

इस जगती का यही विधान, समझे इसको वही सयान;
कौन भला करके विश्राम, प्राप्त किया उत्तम स्थान,
जीवन का जो लक्ष्य महान, सदा उसी का रखकर ध्यान;
रत हो यत्न करे अविराम, संयमित अनुशासित विद्वान्,
धारण कर कोमल मुस्कान, सुख दुःख सहता एक समान;
वही जगत में बनता राम...

करते विप्र-मुनि सम्मान, वाचन करते वेद-पूरण;
मातु-पिता नित-नेति प्रणाम; लखन-सिया का रखकर ध्यान,
जपकर शिव-शम्भू का नाम, वन में काट रहे दिन याम...

इधर अवध अवसाद अमान, सन्नाटा जैसे शमशान;
दशरथ जी परलोक पयान, कर गए रटते सीताराम,
होनी का यह प्रबल प्रमाण, सत्य एक बस राम का नाम;
बाकी सब झूठा अभिमान, समझे इसको वही सयान...

उधर भरत नाना के गाम, सकल अमंगल से अनजान;
पुर आए अनहोनी जान, पूर्ण किए अंत्येष्टि काम,
फिर कारक-कारण पहचान; सबका मूल स्वयं को मान;
तज के राज-पाट की शान; वन को चले मनाने राम...

कौन जगत में भरत समान, भाई ऐसा हुआ महान;
जो भाई को सबकुछ मान, करके राज-पाट बलिदान,
त्याग पालकी गज, पदत्राण; भ्रात चरण में रख कर प्राण;
प्रेम पुंज का ये परिमाण; हुआ ना होगा जग में जान,
चलते भरत मनाने राम...

दिल में भरकर ये अरमान, कि आएँगे भईया राम;
पुरवासी, गुरु, मातु, सखान; सभी राम का जपते नाम,
त्याग मोह, तृष्णा, अज्ञान; चले भरत संग लाने राम...

गए थे जिस पथ से भगवान, जहाँ-जहाँ कीन्हे विश्राम;
उसी पंथ को भरत सुजान, समझ समझ के तीर्थ समान,
पहुँचे चित्रकूट के धाम, भईया भरत मनाने राम...
सीता राम... सीता राम...
रे मन! भज ले सीता राम...

तृतीय विश्राम

चतुर्थ सोपान

(भरत मिलाप)

शीतल, सुरभित मंद समीरण, बहता है नित-नित्य जहाँ।
मन्दाकिनी जल निर्मल धारा, करती है कृत-कृत्य जहाँ।।
सुरसरि के उस पावन तट पर, रजनी सब विश्राम किए।
झूले दुविधा दोल भरत मन, मिलन की आस-निराश लिए।।

कैकेयी वह जननी मेरी जिसने हित मेरा साधा।
मेरे ही कारण आई यह, अवधपुरी सारी बाधा।।
मैं पितु धाती उत्पाती, क्या राम मुझे अपनाएँगे।
या कि मुझको समझ कलंकी, और कहीं चलें जाएँगे।।

उधर देख नभ धूल-धूसरित, उड़ती जो पद चाप से।
कौशल्या सुत सोच रहे हैं, मन में अपने आप से।।
है कोई तूफान भयंकर, या मायावी छाया है।
उठा धुआं या हवन कुंड से, नीले नभ पर आया है।।

इसी द्वंद में राम पड़े थे, तभी पहुँचकर जनक लली।
मन सकुचाई कुंद कली सी, सन्मुख आकर यह बोली।।
आर्य करें रक्षा शिव शंकर, मिटे भाग्य की यह रेखा।
आए भरत सजाकर सेना, अशुभ स्वप्न मैंने देखा।।

आया एक किरात उसी क्षण, कहा क्षमा रघुनाथ करें।
सैन्य साथ दो बालक आते, कटि निसंग धनु हाथ धरे।।
श्याम-गौर मुख मंजु मनोहर, तेजहीन दिखलाता है।
औरों की क्या कहें मनोभव, स्वयं न पटतर पाता है।।

राघव सहसा सजग हुए, फिर बोले प्रेम पुनीता से।
कुछ चिंतित घबराई कुछ-कुछ, कंपित हृदय सभीता से।।
प्रिए! हाय यह नहीं सगुन है, मन में धीर धरो सीते!
होगा वही भाग्य जो होगा, उर न अधीर करो सीते!!

सौमित्र लिए धनु बाण हाथ थे, कुछ दूरी पर वही खड़े।
सुने सभी संवाद स्वजन के, धीर वीर फिर बोल पड़े।।
क्षमा करें हे तात अवज्ञा, आज यहाँ मैं करता हूँ।
बात हृदय की बिन पूछे ही, प्रभों आप से कहता हूँ।।

भरत सौभ्य है शांत सरल पर, अवध राज्य के राजा है।
इसी गर्व से गर्वित होकर, सैन्य उन्होंने साजा है।।
कठिन राज मद की मादकता, सरल नहीं इसको सहना।
थे जैसे वैसे ही होंगे, है कठिन उन्हें अब यह कहना।।

हमने छोड़ा राज अवध का, राज्य सम्पदा छोड़ दिया।
पिता वचन पर धर्म निभाया, कानन को मुख मोड़ लिया।।
वन में समर, समर में जय ले; वे लौटेंगे ठान लिया।
हमनें निज कर्तव्य निभाया, कायर हमको मान लिया।।

इसीलिए तो दल-बल लेकर, भरत यहाँ पर आए हैं।
भाई हैं भाई होने का, अच्छा धर्म निभाए हैं।।
भूल गए कर्तव्य अनुज का, राजधर्म भी भूल गए।
रघुकुल की मर्यादा भूले, लोभ दोल पर झूल गए।।

मझली माँ के उकसाने से, भरत गर्व से ऐंठे हैं।
परम स्नेह भाई-भाई का, उसको भूले बैठे हैं।।
भाई वह जो भाई पर, सर्वस्व न्योछावर कर जाए।
भाई के हित जिए जगत में, भाई के हित मर जाए।।

जो सुख-दुख का साथी है; जो निश्छल है, अनुरागी है।
वही धन्य है भाई जग में, बन्धु वही बड़ भागी है।।
हम वनवासी हैं निर्बल हैं, भरत भूप हैं शक्तिमान।
समझ कापुरुष, निबल अकेला, आए हैं भरकर अभिमान।।

रार अवध में ही ठन जाती, हमने नहीं सही माना।
पावन निर्मल निर्विकार मन, भरत बन्धु हमने जाना।।
उसका ही परिणाम सामने, आज यहाँ पर आया है।
धूली पर पग हमने मारा, छाप बदन पर छाया है।।

उद्विग्न हुए सौमित्र क्रोध से, यह थोड़ा आघात नहीं।
मैं ही सब कुछ सहता जाऊँ, कायरता की बात नहीं!!
सौगन्ध आपके चरणों की, अब नहीं सहन कर पाऊँगा।
शंकर करें सहाय समर में, फिर भी मार गिराऊँगा।।

आज पता चल जाएगा कि, किसमें कितना पानी है।
किसके भुज में कितना दम है, कितनी भरी जवानी है।।
देख सरोष लखन को सुर-गण, भय से मानो डोल उठे।
'नहीं द्वेष है स्नेह मिलन है', गिरा गगन से बोल उठे।।

सकुचाए सौमित्र गिरा सुन, कहा राम ने हे! भाई।
नीति युक्त है बात तुम्हारी, कठिन राज मद है भाई।।
पर चाहे रवि शीतल होवे, निशिपती ज्वाला धधकाए।
मेरा मन यह कहता है, नहीं गर्व भरत को छू पाए।।

इसीलिए मन में यह मानों, भय की कोई बात नहीं।
भरत शुद्ध पावन-पुनीत मन, दाव-पेच या घात नहीं।।
सुनकर वाणी श्री रघुवर की, शान्त चित्त हैं लखन हुए।
अनुज-सखा के संग भरत इत, पर्ण कुटी की धूल छुए।।

भरत भूमि पर पड़े दंड सम; रक्ष-रक्ष रघुकुल नंदन।
स्वीकारें हे! आर्य दास का, सादर वन्दन अभिनंदन।।
जन्म कुमाता माता से है, है कपूत सेवक, स्वामी!
जैसा है, है शरण आपके, शरणागत वत्सल स्वामी।।

सघन ओट था धने पेड़ थे, राघव देख नहीं पाए।
नाथ! प्रणाम भरत करते हैं, लक्ष्मण उनको बतालाए।।
विह्वल प्रेम मगन-मन धाए; चांप इधर, सर उधर गिरा।
पता नहीं उप-वस्त्र राम का; इधर-उधर या किधर गिरा।।

व्याकुल बदन प्रेम मन पूरित, तन की सुधि विसराय दिए।
झट-पट झपटि उठाए रघुवर, बल करि हृदय लगाए लिए।।
जैसे लता लिपटती तरु से, जननी हृदय चिपकता बालक।
अग्रज अनुज यथा मिलते हैं, यद्यपि है त्रिभुवन पालक।।

हृदय सिन्धु की प्रेम लहर में, है दोनों ही डूब रहे।
कुंठित कवि की हुई लेखनी, किमि निरीह यह कथा कहे।।
झर-झर झरता प्रेम नीर है, रोते छाती पकड़ पकड़।
सावन मेघ बरसता मानो, रिमझिम-रिमझिम उमड़-घुमड़।।

है अतृप्त हृदय दोनों का, दोनों धीरज खोते हैं।
भरत-राम का मिलन देख सुर, स्वारथ रत हो रोते हैं।।
है अगाध यह प्रेम परस्पर, राम लौट यदि जाएँगे।
कैसे कष्ट निवारण होगा, कैसे हमें बचाएँगे।।

अहित सोंचता औरों का जो, निजहित का अनुगामी है।
सदा तिरस्कृत होता जगमे, नरपति या सुरस्वामी है।।
औरों के हित जिए जगत में, यही मनुज की परम्परा।
सुर तो सदा स्वार्थी होते, खोटा चाहे कहो खरा।।

देवराज ने कहा विबुध-गण, मन में मत घबराओ।
धर्म कि धुरी राम भरत का, दर्शन कर सुख पाओ।।
हर्षित हुए सुमन सुर वर से, निज-निज गृह सब आए।
बन्धु प्रेम लखि राम भरत का, मन में मोद मनाए।।

किए यथोचित आशिष वंदन; लखन, सखा, सिय सहित सभी।
हाथ जोड़ कर केवट सम्मुख, बोला प्रभु से विनत तभी।।
'गुरु वशिष्ठ के साथ नाथ इत, आए सब पुर लोग हैं।
माताएँ हैं, सचिव संग हैं; सेनप विकल वियोग है।।'

आए हैं गुरू सुना राम ने, तनिक न देर लगाया।
चले संग ले अनुज सखा, इत रिपु सूदन बैठाया।।
सानुज प्रेम सहित पद वन्दे, लहिं आशिष सुख पाए।
विप्र, वृंद, गुरु, मुनि पद वन्दे, प्रमुदित मन हर्षाए।।

प्रथम मिले प्रभु मझली माँ से, सोच-सकोच मिटाए।
हे जननी! विधि की गति न्यारी, काहे मन पछताए।।
मातु सुमित्रा पद दोउ बंदे, कौशल्या शीश नवाए।
जननी विकल स्नेह जल मोचति, धीरज राम बंधाए।।

गुरु को दंड प्रणाम दूर से, 'गुह' ने किया सकोच से।
आगे बढ़कर हृदय लगाया, मुनि ने बरबस जोश से।।
नहीं जाति है श्रेष्ठ जगत में, नर का कर्म प्रधान है।
श्रेष्ठ मुनीश्वर गले लगाते, धन्य निषाद महान है।।

रुचि लखि-लखि सबकी रघुनंदन, सब पर स्नेह लुटाए।
अमित रूप ले मिले एक संग, समझ न काहू पाए।।
सबको सुखी किए सीतापति, अपने मृदुल स्वभाव से।
जल-थल देखि- देखि सब उतरे, सुर सरि निकट सुचाव से।।

महिसुर, मंत्री, माता अरु गुरु; गने लोग कुछ साथ हैं ।
पावन आश्रम पहुँचे चलकर, भरत लखन रघुनाथ हैं ।।
गुरु पद पूजा वंदन अर्चन, सीता निज कर करती हैं।
सादर प्रीति की रीति निभाकर, स्नेह शिथिल पग चलती हैं।।

विप्र वधू ऋषि तिय पद पूजे, पुनि सासुन्ह पग लागी।
मूदे नयन दुखित अतिमाता, वारि विमोचन लागी।।
निर्झरणी सी अविरल धारा, रोके ना रुक पावे।
अति मति मंद रुद्ध कवि वाणी, कैसे गीत सुनावे ।।

गुरु, श्रेष्ठ का आदर जहाँ, होता है मन के भाव से।
सद्धर्म है पलता जहाँ, नर में सरल सद्भाव से।।
निज अर्थ से बढ़कर सदा, परमार्थ होता है जहाँ।
हैं वहीं सब सिद्धियाँ, साकेत बसता है वहाँ।।

वट की शीतल छाया में वह, बनी चौखुटी बेदी है।
बेली–बूटे बनी मनोहर, सुन्दर लगी सफेदी है।।
बिछा कुशा का आसन उस पर, बैठे हैं मुनिराज वहाँ।
उनके सम्मुख विप्र वृन्द सब; माताए रघुराज वहाँ।।

सासुन्ह मध्य सीय सुकुमारी, भरत लखन रिपुसूदन हैं।
सखा ऋषिजन अन्य सभी हैं, कुछ वनचर हैं, प्रिय जन हैं।।
कुशल प्रश्न के बीच गुरु ने, कहा कि "हे रघुनाथ सुनो!
विधि का लिखा नहीं टलता है, चाहे कोटि प्रयास चुनों।।"

"सह न सके आघात विरह का, भूपति स्वर्ग सिधार गए।
सूनी हुई अयोध्या नगरी, भावीवश हम हार गए।।"
क्रन्दन करुण हुआ कानन में, सुनकर ऋषि की वाणी को।
धीरज दिया गुरु ने कह कर, आगम निगम कहानी को।।

उपवास रहे उस दिन सब निर्जल, जल का भी परित्याग किए।
बहुत बुझाया मुनि ने सबको, तदपि नहीं जलपान किए।।
श्राद्ध समर्पण, तीरथ मज्जन, दिए तिलांजलि जाकर।
शुद्ध हुए दुई वासर बीते, मन्दाकिनी नहा कर।।

कंद, मूल, फल, विविध स्वाद रस; भरि-भरि कांवर आने।
किए समर्पण, बिना मोल के, गुण कहि स्वाद बखाने।।
देत मोल नहि लेते गिरिजन, कहते मधुरी वाणी।
हे राघव! यह तुच्छ भेंट, स्वीकार करो वरदानी।।

हम पशु घाती, अधम कुजाति; प्रीति रीति नहीं जाने।
यह प्रभाव प्रभु दर्शन का जो, स्नेह भाव उर आने।।
स्नेह में सानी बानी सुन सब, इनके भाग सराहें।
धन्य धन्य वासी इस वन के, रघुपति नेह निबाहें।।

मन प्रसन्न सब अवध पुरीजन, चित्रकूट में रहते।
कंद मूल का भोजन करते, कानन विचरण करते।।
निशि में शयन भूमि पर करते, राम से नेह निभाते।
नहीं नींद निशि भरत नयन में, चैन न दिन में पाते।।

सोच भरत मन में अति भारी, कैसे प्रभु लौटाएँ।
कैसे मन की बात बताएँ, कैसे उन्हें मनाएँ।।
आज्ञा यदि गुरु की हो जाए, राम न उसको टालें।
माँता भी यदि कहें उन्हें तो, राघव उसको पालें।।

धर्म धुरंधर माँ–मुनि दोनों, धर्म नीति ही पाले।
नहीं कहेंगे प्रभु घर लौटें, पिता वचन को टालें।।
मुझ अनुचर की बात भला क्या, कैसे प्रभु अपनाएँ।
हे विधि! विधि हम क्या अपनाएँ! राम अवध फिर आएँ।।

निशा बीत गई इसी सोंच में, प्राची दिनकर आए।
नित्य निवाहे, सबजन उठकर, सुरसरि नीर नहाए।।
बैठे सभा संग द्विज सज्जन, भरत सहित गुरु आए।
समय जानि गुरु सभाबीच में, ऐसे वचन सुनाए।।

''राम लौट घर चलें अयोध्या, यही ध्येय शुभ लेकर।
अवधपुरी से हम सब आए, चित्रकूट चित देकर।।
कैसे ध्येय हमें मिल पाए, उचित युक्ति बतलाएँ ।
नीति–रीति सँग निभे प्रीति भी, धर्म न डिगने पाए।।''

सभी निरुत्तर रहे सभा में, मुख ना कोई खोले।
उठे भरत तब नम्र भाव से, हाथ जोड़कर बोले।।
''एक अधार आपका स्वामी, और न कोई सहारा।
हम अविवेकी क्या बतलाएँ, है दुर्भाग्य हमारा।।''

''हो अभिषेक राम का जैसे, मिटे दुसह दुख भारी।
वही करें सर्वज्ञ शिरोमणि, दीजै विपदा टारी।।
सबका हित है राम राज्य से, राम एक बल मोरे।
कहूँ सत्य प्रभु शपथ उठाकर; हित रघुनाथ निहोरे।।''

बोले गुरु हो – ''धन्य भरत तुम, तुम सम अन्य न कोई।
राम अनुज रघुकुल कुलदीपक, करें राम सो होई।।
रघुवर का रुख पहिले जानो, आगे कदम बढ़ाओ ।
राम चरण में प्रीति तुम्हारी, मन में मत घबराओ''।।

नीले नभ के नीचे सब है, पूर्ण कुटी के आगे।
सुर, मुनि, सिद्ध सभासद बैठे, सभी राम रस पागे।।
निज पति संग सची सी बैठी, प्रभु संग जनक दुलारी।
गिरि जन सेवक, सभी बन्धु हैं; हैं तीनों महतारी।।

नत मस्तक हो रघुबर बोले, सादर गुरु के आगे।
''दर्शन मिला नाथ हम सबको, भाग्य हमारे जागे।।
यहाँ सभी कानन में बसते, कन्द मूल हैं खाते।
निशि मे शयन भूमि पर करते, कष्ट विपिन में पाते।।''

''सबका हित प्रभु हाथ आपके, उचित होय सो कीजै।
अनुचित हुआ अगर कुछ हमसे, चित्त न उसपर दीजै।।''
गुरु बोले – ''हे राम! धन्य तुम, धन्य तुम्हारी वाणी।
भरत हृदय की सुनो प्रथम तुम, है सब विधि कल्याणी।।''

''कृपा आपकी इतनी जिस पर, मुनि नायक वह धन्य है।
नहीं भरत सा भाई जग में, भाई भरत अनन्य है।।
और अधिक क्या कहूँ मुनीश्वर, जो कुछ कहूँ सो थोड़ा।
भरत घरा की घूरी जग में; हमने यही निचोड़ा।।''

ले गुरु आज्ञा शीश झुकाकर, उठे भरत फिर बोले।
''कैसे कहूँ नाथ निज पीड़ा, रसना रुद्ध न डोले।।
रघुवर सिया लखन को माँ ने, हित मेरे वन भेजा।
पिता मरण वैधव्य सम्हारा, मुझ को राज्य सहेजा।।''

''गुरु की कृपा यहाँ तक आया, निज नयनन सब देखा।
कोमल हृदय दया निधि राघव, मम् अवगुण नहीं लेखा।।
राम विरोधी से बढ़ पापी, और कोई क्या होगा?
उसे नहीं तो किसे धरा पर, दैव दुःसह दुख देगा।।''

''राम बिरह से तजकर तन को, पितु ने मरण संवारा।
मेरी बनी व्रज की छाती! रहा देखता सारा।।''
सूखा कंठ रुद्ध भई वाणी, सभा शोक अकुलाई।
कह कर वेद-पुराण, नीति तब; गुरु ने धीर बंधाई ।।

''अहो! भरत तुम दुःखी न हो ओ, मुझे यही बस कहना।
गुरुकी आज्ञा स्नेह तुम्हारा, मम माथे का गहना।।
दोष तुम्हें जो जग में देवे, चैन चित्त नहि पावे।
वैर प्रीति नहिं दुरै दुराए, चाहे कोटी दुरावे।।''

''मातुहि दोष व्यर्थ नहि दीजै, सब कुछ रचा विधाता।
जग में जैसा ले जो आता, वह वैसा ही पाता।।
तज कर प्राण पिता ने भाई, अपना सत्य सम्हारा।
उसे आज हम यहाँ त्याग दें, क्या कर्तव्य हमारा?''

बोले भरत अँजुली जोरे, "कृपा अनुग्रह पाया।
राखा मोर दुलार दयानिधि, सब प्रकार अपनाया।।
सेवक धर्म कठिन है भारी; स्वामी दुख ही दुख है।
हाँ-हाँ खाऊ शपथ उठाऊ, प्रभु सुख में ही सुख है।।"

मिथिला पति का दूत सभा में, इसी बीच है आया।
आते है नीमिराज यहाँ, यह समाचार बतलाया।।
वनचर साथ भेज कर चर के, अगवानी कर लाए।
शुभाशीष, पद-वन्दन पूजन; यथा उचित अपनाए।।

सबसे सब जन मिले परस्पर, प्रीति की रीति निभाए।
निशि विश्राम किए बिन खाए, डेरा सुथल बनाए।।
प्रात: वन्दन मज्जन करके, नित्य क्रिया निपटा के।
मिले सभी तृण-शाला सन्मुख, वट छाया में जा के।।

निमिराज संग मुनिराज हैं, संग सभी माताएँ।
लखन सँग हैं भरत शत्रुघन, गुरु को शीश झुकाए।।
सुना सभी ने तभी सभा से, ध्वनि अचानक आई।
"राम लौट तुम चलो अयोध्या, तुम्हे बुलाने आई।।"

"मैं ही मूल अनर्थो की हूँ, लोभ सर्प की काटी।
सुधा कलश था सजा द्वार पर, मैं ही विष से पाटी ।।
स्नेह शून्य था हृदय हमारा, पुत्र मोह का मारा।
उसका ही परिणाम विपिन में, मेरा राम दुलारा।।"

''मैं कुलघातिनि, अधम कलंकिनी; थूके भले जमाना।
करबद्ध विनय करती हूँ बेटा, अब नही कानन जाना।।''
नहीं सान्त्वना देता कोई, भरता आह न कोई।
सभा शांत बैठी मन मारे, एक कैकेयी रोई।।

''करके प्राण न्योछावर पितु ने, अपना धर्म निभाया।
मैं क्या उसे त्याग दूँ माता, जिसे सुलभ कर पाया?
हे! माँ तुम आशीष मुझे दो, अपना धर्म निभाऊँ।
रहूँ अवधि भर कानन वासी, जन्म सुफल कर पाऊँ।।''

सभा अभी भी शांत मौन थी, तनिक नहीं कोई डोले।
समय जानि धरि धीरज मन में, भरत विनत हो बोले।।
''हे रघुवीर! अनुग्रह कीजै, मुझको आज्ञा दीजै।
तीरथ तोय तिलक हित लाया, उसको कहाँ करीजै।।''

''श्रेष्ठ ऋषिश्वर, अत्री मुनीश्वर; बन्धु उन्हीं संग जाओ।
जहाँ मुनीश्वर आयसु पाओ, तोय वही पहुँचाओ।।''
भरत मुनि के संग में आए, ऋषि जन कूप दिखाए।
राम चरण मन सुमिरन करके, कूप में नीर गिराए।।

भरत कूप विख्यात जगत में, मज्जत पाप नसाऐ।
देखे भरत सुथल फिर वन में, रघुपति पहि फिरि आए।।
मन परि पूरण काम राम अब, मुझको आज्ञा दीजै।
अनुचित, उचित हुआ जो स्वामी; उसको क्षमा करीजै।।

गुरु, पितु, प्रभु की आज्ञा मेटा, चित्रकूट चलि आया।
हे! रघुनायक करुणा सागर, कृपा किये अपनाया।।
अब अवलम्ब देहु वह स्वामी, जिसे अवध ले जाऊँ।
कृपा अनुग्रह प्रभु का लेकर, अवधि पार कर पाऊँ।।

बानी सानी स्नेह सुधा की, राम भरत से सुनकर।
दिए पादुका लाकर राघव, लिए भरत सिर धरकर।।
सानुज ले पदधूरि राम की, लेकर सिय पद धूरी।
मिले लखन से, मिथिलापति से; आस हिए की पूरी।।

नयन नेह जल पूरित सबके, सिसक-सिसक सब रोते।
मुड़-मुड़ देखें पुनि-पुनि पीछे, सब ही धीरज खोते।।
करते हैं प्रस्थान अवध को, सब निज मन को मारे।
सबके मन का हाल एक सा, किसको कौन संभारे।।

प्रथम वास यमुना तट ले, बिन भोजन दिवस बिताए।
दूजा सुरसरि पार उतर कर, कंदा भोग लगाए।।
सई पार कर, गोमती मज्जे; अवध चउथ दिन आए।
तब पूजन कर राम-पादुका, सिंहासन सजवाए।।

राम बने भगवान जगत में, पिता वचन के पाले।
मुनिव्रत वेष लिए दुःख पाए, कानन डेरा डाले।।
पिता से पाया राज्य भरत ने, तज कर धर्म निभाया।
नंदी ग्राम बसे मुनि व्रत ले, प्रभु पद प्रीति निभाया।।

धन्य भरत जेहि राम सराहें, स्नेह अनन्य लुटाएँ।
उर अनुराग रोक नहीं पाएँ, हरषि-हरषि जस गाएँ।।
जो यह कथा स्नेह रस पूरित; गाए, कहे, सुनाए।
'पंकज' सुख नाना विधि पाए, अंत अमर पुर जाए।।

चतुर्थ विश्राम

।।।। इति श्री बाल रामायण - अयोध्याकाण्ड सम्पूर्ण।।

श्री बाल रामायण -

अरण्य काण्ड

॥ श्री राम ॥

श्री गणेशाय नमः

श्री बाल रामायण – अरण्य काण्ड प्रारंभ

प्रथम सोपान

(जयंत मद भंग)

भरत भूप बनकर भी करते, सिया राम का जाप।
सिया राम का नाम जगत में, हरता सब संताप।।
इसको वही समझते केवल, जिसका बढ़े प्रताप।
वो क्या जिस पर हावी मद हो, दंभ द्वेष अरु पाप।।

राम नाम कालिकाल तीर्थ है, राम नाम पावन है।
तीक्ष्ण ताप से तपते मन को, राम नाम सावन है।।
राम नाम है पुण्य जगत का, सार जगत का राम।
राम नाम ही तीर्थ सभी है, राम नाम चहुं धाम।।

बैठे थे एक रोज सिया संग, राम स्फटिक पर सुन्दर।
निज कर भूषण राम बनाए, सुन्दर सुमन को चुनकर।।
पहनाए सीता को सादर, उसी समय एक कौवा आकर।
मारा चोंच सिया के पग में, इंद्र पुत्र होने के मद में।।

एक सींक को राम उठाकर, मारे उसको बाण बनाकर।
तीन लोक में भ्रमण किया पर, पाया नहीं शरण एक क्षण भर।।
त्राहिमाम् करता फिर आया, रामचंद्र को शीश झुकाया।
कहा क्षमा मुझको कर दीजै, प्राण दंड मुझको ना दीजै।।

भूल हुई मैं समझ न पाया, मनुज रूप से मैं भरमाया।
क्षमा करें हे कृपा निधान, मुझको अपना सेवक जान।।
राम भक्त वत्सल करुणाकर, छोड़ दिए उसको अपना कर।
एक आँख का दंड दिए बस, उसके मद को भंग किए बस।।
चला जयंत करके प्रणाम, राम कृपा का आश्रय मान।
ऐसे मेरे राम सुजान, करुणाकर ज्ञानी सुखधाम।।

प्रथम विश्राम

द्वितीय सोपान

(पंचवटी प्रस्थान एवं जटायु मिलन)

चित्रकूट में रहते-रहते कई वर्ष जब बीते।
एकलपन में कहा राम ने, ''सुनो समुखि हे सीते!
समय निकट है लीला का अब, हमको चलना होगा।
जिस हेतुक अवतार लिया, अब उसको करना होगा।।''

''और यहाँ पर लोग सभी हमको पहचान चुके हैं।
हम अवतारी धीरे-धीरे सारे जान चुके हैं।।
इसीलिए अब छोड़ चलें यह चित्रकूट का धाम।
समय अल्प है, शेष बहुत हैं; अभी हमारे काम।।''

यही सोच श्री राम चल दिए छोड़ तपोवन धाम।
मुनि विप्रों से विदा लिए, कर बारंबार प्रणाम।।
फिर मुनि अत्रि से मिलने को पहुँचे उनके द्वार।
भक्त जनों से रघुनायक का होता ऐसा प्यार।।

राम लखन को मुनिवर ने आसन देकर बैठाया।
कंदमूल फल इत्यादि का सुंदर भोग लगाया।।
जनकसुता का दर्शन पा अनुसुएया भई सुखारी।
अत्रि मुनि की परम पवित्रा पतिव्रता थी नारी।।

सती मातु ने सीता को, नारी का मर्म सिखाया।
सब धर्मों से धर्म बड़ा है, पतिव्रत धर्म बताया।।
भेंट किया सीता को उनने, दिव्य वस्त्र परिधान।
विदा किया फिर देकर के, सौभाग्यवती वरदान।।

चलते हैं श्री रामचंद्र जी लखन सिया को लेकर।
मुनि अत्री अनुसुइया को वरदान भक्ति का देकर।।
पीछे-पीछे लखनलाल हैं, आगे हैं रघुराया।
चले बीच में जनक सुता ज्यों ब्रह्म जीव के माया।।

पथ में कुछ एक असुर जनों का करते इति संहार।
संत, मुनि, मित्रों को निर्भय करते सभी प्रकार।।
और सभी भक्तों से मिलते सुनते सब उद्गार।
पहुँचे श्री रघुनायक वन में मुनि अगस्तय के द्वार।।

किए दंडवत राम लखन दोनों ने शीश झुकाया।
मुनि अगस्त्य ने तुरत उठा, दोनों को हृदय लगाया।।
प्रेम सिंधु आँखों में भर कर डूब गए हैं उनमें।
प्रेम मयूरा नाच रहा है मुनिवर के चितवन में।।

धन्य हुए हम राम तुम्हारा दर्शन दुर्लभ पाकर।
किया हमें कृतार्थ प्रभु जी द्वार हमारे आकर।।
बस इतनी सी अरज हमारी देना करुणा भक्ति।
श्री चरणों में राम आपके सदा बढ़े अनुरक्ति।।

यही कामना करके मुनिवर विदा किए श्री राम को।
और बताया पंचवटी का मार्ग सुगम प्रस्थान को।।
दे भक्ति वरदान राम ने किया मुनि को धन्य।
और चले श्री लखन सिया संग राम दण्डकारण्य।।

पंचवटी एक स्थान निकट है गोदावरी के तीर।
जहाँ बनाया राम लखन ने सुंदर पर्ण कुटीर।।
सुंदरवन है, घन उपवन है; शीतल मंद समीर।
निर्झर झर है, सरिता-सर है; कल-कल बहता नीर।।

वहीं प्रभु रहते हैं सुख से दंडक वन निर्जन में।
शाश्वत है कि कष्ट हुआ है, गुरुता के अर्जन में।।
यूं ही नहीं सफलता अब तक मिली किसी को जग में।
उसी शीश पर पुष्प खिला है, कांटे जिसके पग में।।

कौन जगत में श्रेष्ठ हुआ है बिना गर्व को त्यागे।
पंथ विजय का खुलता साथी संघर्षों के आगे।।
कौन सहज ही प्राप्त कर सका उत्तम गुण मर्यादा।
भाग्य भरोसे भिक्षा मिलती ना कुछ उससे ज्यादा।।

वो की जो पुरुषार्थ प्रबल कर संघर्षों से रार करे।
वो की जो प्रतिकूल विपत्ति से डटकर दो चार करे।।
वो की जो आराम छोड़कर हालातों से ठाने।
जग में वो ही नाम करे जग उसको ही पहचाने।।

दंडक वन में गिद्धराज से राघव प्रेम बढ़ाए।
पिता तुल्य आदर देकर के उनका मान बढ़ाए।।
वयोवृद्ध थे, श्वेत गिद्ध थे; वेग मगर था वायु।
संपाती के अनुज बंधु थे, जिनका नाम जटायु।।

द्वितीय विश्राम

तृतीय सोपान

(खर– दूषण वध)

काम क्रोध मद मत्सर सारे, कारक बहुत प्रबल है।
जप, तप, योग, नाश सब करदें ऐसे दग्ध अनल है।।
इनसे बचे वही जो प्रतिपल राम शरण में रहता।
और वचन मन क्रम तीनों से संयम साधन करता।।

रावण की एक बहन तामसी, शूर्पनखा था नाम।
देख सजीले सुघर राम को, जागा उसमें काम।।
प्रबल वासना से पीड़ित वह पहुँची पर्ण कुटीर।
देख सिया संग रामचंद्र को बोली वचन अधीर।।

''हे! पौरुष के प्रबल वेग, तू देख मेरी तरुणाई।
छोड़ सभी को जग में केवल पास तेरे मैं आई।।
तू मुझको अपनाकर कर दे, मेरी तृष्णा शांत।
बदले में जो चाहे ले ले, हे! मानव संभ्रांत।।''

सुनकर बोले राम ''सुनो हे! रम्य भ्रांत सुकुमारी।
यह मेरी भार्या है सीता, मुझको अतिशय प्यारी।।
हाँ मेरा एक अनुज लखन है, वह बैठा सुकुमार।
जाकर देखो शायद वो ही, हो जाए तैयार।।''

गई लखन के पास राक्षसी लेकर के अभिलाषा।
कामवासना की अग्नि से मन उसका था प्यासा।।
बोली वर्षों से वन में तुम एक अकेले प्राणी।
आओ मिलकर करते हैं, कुछ बातें नई पुरानी।।

बोले लक्ष्मण - ''सेवक हूँ मैं, मुझसे क्या पाओगी।
दास प्रभू का हूँ मैं, तुम भी दासी रह जाओगी।।
सुख के कारक भैया मेरे, उनके सम्मुख जाओ।
उनके सम्मुख जाकर श्री चरणों में शीश झुकाओ।।

इधर उधर की सुनकर, शूर्पनखा थी तब झल्लाई।
विकट विशाल रूप धरकर वह, जोरों से चिल्लाई।।
बोली- ''मुझको समझ लिए क्या कोई बेबस नारी।
मै भगिनी रावण की मूर्खो, जो सबपर है भारी।।''

''खर-दूषण भाई हैं मेरे, उन्हें बुलाती हूँ मैं।
उससे पहले इस सीता को सबक सिखाती हूँ मैं।।''
इससे पहले शूर्पनखा माँ सीता को छू पाती।
लक्ष्मण जी ने शूर्पनखा की, नाक-कान दे काटी।।

कटी नाक लेकर शूर्पनखा, डरी सहमी अकुलाई।
जाकर के खर-दूषण को सारा वृत्तांत बताई।।
और वचन दुष्कर बोली वह दोनों को उकसाकर।
कही - ''शर्म हो शेष तो उनसे बदला लो तुम जाकर।।''

क्षुब्ध-क्रुद्ध हो चले युद्ध को, दोनों खर और दूषण।
भ्रम बरपाते शोर मचाते, मचा कोलाहल भीषण।।
सेना भारी अति भयकारी, लिए अस्त्र और शस्त्र।
विकट भयंकर, अति प्रलयंकर, सैनिक चौदह सहस्त्र।।

लखन सिया को राम चंद्र ने पर्ण–कुटी में भेजा।
पुण्य स्मरण कर गुरु का अपने, अपना धनुष सहेजा।।
और सभी असुरों को रघुवर ने चुन–चुन कर मारा।
खर–दूषण को माया करके, सैन्य सहित संहारा।।

खर–दूषण के वध की गाथा, रावण को बतलाई।
लंका में शूर्पनखा ने कुछ, ऐसी आग लगाई।।
''बोली–तुम तो मस्त यहाँ हो सुरा–सुंदरी मद में।
और वहाँ पर ग्रहण लगा है, असुरों की अस्मत में।।''

''भाई खर–दूषण दोनों ने, जान गंवाई अपनी।
और तुझे लज्जा आती ना, रत्ती भर भी अधमी!!
थोड़ी भी हो शर्म शेष तो, अब प्रतिकार करो तुम।
वरना असुरपति होने पर, अब धिक्कार करो तुम।।''

साधारण से मानव हैं वे, राम लखन दो भाई।
और राम के संग में उसकी सुंदर बहुत लुगाई।।
दोनों लगता है कि आए, तुझे क्षीण करने को।
इस वसुधा को भाई, असुरों से विहीन करने को।।

सुनकर अकुलाया सा रावण, महल में जाकर अपने।
सोच रहा है ''सुना जो मैंने'', हो सकता क्या सच में।।
''क्या एक मानव सहज साधारण, इतना युद्ध परायण।
या फिर मानव बनकर आए, स्वयं प्रभू नारायण।।''

यदि मनुज हैं तो मैं उनसे, कभी नहीं हारूँगा।
और यदि नारायण हैं तो, कुल को ही तारुँगा।।
भक्ति और वैराग्य तो मुझसे, हो ही ना सकता है।
फिर उनको पाने का केवल एक यही रस्ता है –

कि उनसे कुछ रार करूँ मैं।
एक बड़ी तकरार करूँ मैं।।
दुश्मन ही सही बनाऊँ मैं।
बस किसी तरह पा जाऊँ मैं।।

नारायण हैं तो मारेंगे।
इसी बहाने तारेंगे।।
और नर होगा तो सोच नहीं।
इसमें उसका कुछ दोष नहीं।।

जब काल ही सर पर छाया है।
तब रावण से टकराया है।।
उस बेचारे बनवासी को।
उस साधारण सन्यासी को।।
होगा भी कैसे ज्ञात भला।
कि उसके पीछे काल पड़ा।।

रावण है क्या वो क्या जाने।
रावण को ना वो पहचाने।।
ताकत का मेरी मान नहीं।
उसको मेरा अनुमान नहीं।।
उस बेचारे को ज्ञात है क्या?
कि रावण की औकात है क्या।।

रावण जब आँख उठाता है।
तब देवलोक थर्राता है।।
महिपाल इंद्र डर जाते हैं।
बस नाम से ही घबराते हैं।।
यह धरा डोलती है डर से।
रावण के पग की ठोकर से।।

अब और सोचना क्या इसमें।
ना सार तत्व कोई जिसमें।।
कल सुबह सवेरे जाता हूँ।
सीता को ही हर लाता हूँ।।
जो होगा देखा जाएगा।
अंजाम वक्त बतलाएगा।।

यह सोच बढ़ा अभिमानी वह।
करने मूरख नादानी वह।।
और सुबह सवेरे चला वहाँ।
सागर तट पर मारीच जहाँ।।

बोला वह गुस्से से तन के।
कि स्वर्ण मृगा अब तुम बनके।।
करना जो भी बतलाऊँ मैं।
कि सीता को हर लाऊँ मैं।।

मारीच दशानन बैठाया।
बहु भांति धैर्य से समझाया।।
कि राम नहीं नर साधारण।
है मनुज रूप में नारायण।।
"उनसे लेना तुम बैर नहीं।
वरना समझो की खैर नहीं।।"

पर रावण कुध्र-कुपित होकर।
बोला अपना आपा खोकर।।
"जो रहा न तू अपनी हद में।
तो कर दूँगा तेरा वध मैं।।"

सच है होनी जब हानि हो।
जब मनुज कोई अभिमानी हो।।
ना होना हो जब काम कोई।
या होना हो नुकसान कोई।।
तो बात समझ कब आती है।
तब किसको सीख सुहाती है।।

बस इसी व्याधि से रावण भी।
करता जो राम कराते हैं।।
मायापति की मायानुरूप सब।
मायावश हो जाते हैं।।

तृतीय विश्राम

चतुर्थ सोपान

(सीता हरण, जटायु मरण एवं शबरी मिलन)

इधर गए जब वन में लक्ष्मण कंदमूल फल लाने।
पा एकांत सिया को रघुवर लगे भेद समझाने।।
''कि अब समय निकट है सीते, होने को संग्राम।
कारक बन करना होगा तुमको लंका प्रस्थान।।''

''पर तुम नहीं, तुम्हारी छाया; रावण ले जाएगा।
वह अधमी अभिमानी तुमको, छू भी ना पाएगा।।
तुम अग्नि में कर प्रवेश देवी अपनी माया से।
कह दो सीता वन बैठे, समरूप, सुगम छाया से।।''

''जो आज्ञा हो स्वामी'' कहकर, चरण कमल धरि माथ।
कहा सिया ने – ''जल्दी वापस लाना मुझको नाथ।।''
कर प्रविष्ट अग्नि में सीता ने धर दी निज छाया।
लक्ष्मण जी को भी यह सारा भेद समझ ना आया।।

कंदमूल फल लेकर आए लखनलालजी वन से।
भोज ग्रहण कर बैठे थे सब सुंदर पुलकित मन से।।
उसी समय पर अनुपम सुंदर स्वर्णमृगा एक आया।
देख उसे माता सीता का मन अतिशय हर्षाया।।

किया अनुग्रह जनक ललि ने रामचंद्र से सादर –
''स्वामी मुझको कृपया दे दें, स्वर्णमृगा वह लाकर।
कितना सुंदर अनुपम है वह, मुझे मृगा वह चहिए;
नहीं दिलाएँगे क्या मुझको, नाथ कृपा कर कहिए।।''

देख तीव्र अभिलाषा मृगनयनी की मृगमाया पर।
बहुत बार रघुवर ने सीता जी को समझाया पर।।
नहीं सकी वह मृगतृष्णा को भीतर स्वयं समेट।
होना हो जो कौन सका है, लिखा भाग्य का मेट।।

मृगतृष्णा के पीछे पीछे जो भी जग में भागा।
उसकी अब तक प्यास बुझी कब! प्यासा रहा अभागा।।
मृगतृष्णा एक भ्रम है भ्रामक, मृगतृष्णा एक धोखा।
मृगतृष्णा से वही बचा है, जिसने खुद को रोका।।

चले मृगा के पीछे रघुवर, ले धनु तरकश तीर।
लक्ष्मण को सीता रक्षण को रोके पर्णकुटीर।।
बोले जब तक मैं ना लौटूँ, कहीं नहीं तुम जाना।
वरना पड़ सकता है लक्ष्मण! हमें बहुत पछताना।।

कह कर चले राम जी वन में, स्वर्ण मृगा को लाने।
स्वर्ण मृगा के पीछे-पीछे राघव दौड़ लगाने।।
पहुँच गए वन में कुछ भीतर देखा नदी किनारे।
कर संधान एक बाण जब राघव उसको मारे।।

हा सीते! हा लक्ष्मण! रक्षा करो लगा चिल्लाने।
कपटी था मारीच मृगा वह लगा भ्रांति फैलाने।।
सुनकर करुण पुकार सिया का, मन अतिशय अकुलाया।
शीघ्र उन्होंने लक्ष्मण जी को, अपने पास बुलाया।।

और कहा मुश्किल में प्रभु हैं, शीघ्र पुत्र तुम जाओ।
स्वामी का संकट दूर करो, तुम उनके प्राण बचाओ।।
जाओ लक्ष्मण देर हो रही, मन मेरा घबराता।
क्यों हो अब तक खड़े यहाँ, क्या नहीं समझ में आता?

जाओ लक्ष्मण कायर हो क्या या मतिमंद तुम्हारी।
जाओ तुम जो नहीं गए, तो है सौगंध हमारी।।
नहीं गए तो लक्ष्मण मुझ को मरा हुआ पाओगे।
बोलो भैया को अपना तुम क्या मुंह दिखलाओगे।।

बहुत अनुग्रह किए लखन पर, सीता एक न मानी।
'जाओ तुमको जाना होगा', हठ सीता ने ठानी।।
तब लक्ष्मण ने सिया चरण में, अपना मस्तक टेका।
और कुटीर के बाहर सर से खींची लक्ष्मण रेखा।।
और कहा सीता से, "माँ! यह रेखा पार न करना।
जो भी हो बाहर मत आना, पर्ण कुटी में रहना।।"

विनती कर जब चले गए, लक्ष्मण जी वन में दूर।
तभी वहाँ सन्यासी बन कर, आया रावण क्रूर।।
लगा माँगने भिक्षा सीता जी से, भिक्षुक बनकर।
धीरे-धीरे पर्णकुटी के, पहुँचा पास संभलकर।।

देखा सीता ने द्वार खड़ा है एक भिक्षु सन्यासी।
निकल के आई कुटिया से, लेकर कुछ भिक्षा राशि।।
और किया जैसे ही माँ ने, लक्ष्मण रेखा पार।
लगा दशानन करने, जोरों से तब हाहाकार।।

मन ही मन में चरण वंदना कर के हाथ दबोचा।
सीता जी को रावण ने अपने विमान में खींचा।।
और चला आकाश मार्ग से ले दक्षिण की ओर।
सीता मइया रो-रोकर के खूब मचाती शोर।।

राम-राम कह कर के सीता करती खूब विलाप।
सोंच रही करुणानिधान हे! कहाँ रह गए आप।।
हा लक्ष्मण! कुछ दोष नहीं है तेरा तनिक भी इसमें।
मैं ही दोषी क्रुद्ध हुई जो, भेजा तुमको वन में।।

सुनकर के करुणा पुकार, तब गिद्धराज जी आए।
रस्ता रोके रावण का, रावण को वे समझाए।।
कि ये रघुकुल की मर्यादा, पुत्री जनक पुनीता।
रामचंद्र की वामा, मेरी पुत्री सम है सीता।।

छोड़ दे इनको कहा मान ले, ये हितकर है तेरे।
तू इनको ले जा न सकेगा, जीते-जी तो मेरे।।
कहा न माना रावण ने, तब हुआ वार पे वार।
पर रावण के छल, बल, कल से, गए जटायु हार।।

पंख हीन हो गिरे धरा पर, करते राम पुकार।
उधर भगा रावण भर कर के, और अधिक हुंकार।।
सीता ने तब एक शिखर पर, बानर दल को देखा।
तो आंचल में भरकर भूषण, उसको नीचे फेंका।।

वायु वेग से उड़ता रावण पहुँचा तुंग त्रिकूट।
जिस पर लंका नगर बसा था, स्वर्णिम सुघर अनूप।।
वहाँ पहुँच सीता को उसने डर भय खूब दिखाया।
और वाटिका में अशोक तरु के नीचे बैठाया।।

उधर लखन और रामचंद्र जब लौटे पर्णकुटीर।
मिली नहीं जब सीता तो होकर संतप्त अधीर।।
लगे ढूंढने गली-गली हर चप्पा चप्पा वन में।
छवि सिता की धारण करके रामचंद्र जी मन में।।

यद्यपि राघव जान रहे, सब कुछ अंतर्यामी वो।
फिर भी लीला करते ऐसी, जैसे नर कामी हों।।
पूछ रहे हैं पता लता से, मृगा मधुप श्रेणी से।
कोई मुझको भेंट करा दो, सीता मृगनयनी से।।

यूं विलाप करते रघुराई, पहुँचे जहाँ जटायु।
देखे उनके कटे पंख और क्षत-विक्षत से स्नायु।।
पूछे कहिए गिद्ध राज, यह हुआ हाल कब कैसे।
कह समझाया गिद्ध राज ने, हुआ था जो जब जैसे।।

कहा जटायु ने राघव जी विदा मुझे अब कीजै।
और प्रभु मुझको चरणों में अनुपम भक्ति दीजै।।
आपके दर्शन को ही मेरे प्राण रुके थे राम।
कृपा करें मुझको मुक्ति दें, भेजें पावन धाम।।

देकर मुक्ति गिद्ध राज को, कर अंत्येष्टि काम।
चले ढूंढते जनकसुता को, कृपासिंधु भगवान।।
पहुँचे शबरी के आश्रम में, राम लखन दुई संग।
शबरी एक भीलनी, जिसके गुरु थे ऋषि मतंग।।

गुरु मतंग कह गए थे उससे – ''रघुनायक आएँगे।
तू उनका पथ रोज ताकना, वे इस पथ जाएँगे।।
नित्य प्रति सेवा-सुभाव से, करना प्रेम प्रतीक्षा।
रामचरण दर्शन की तेरी होगी पूरी इच्छा।।''

तब से शबरी प्रतिदिन पथ में सुंदर फूल बिछाती।
और विपिन से चुन-चुन करके, मीठे फल ले आती।।
श्रद्धा भक्ति और समर्पण से करती सब काम।
और अटल विश्वास था मन में, कि आएँगे राम।।

जाति-पाति का भेद कहाँ, रघुनायक को आता है।
कुल, धन-धर्म, विवेक से कोई, कहा उन्हें पाता है।।
पाते उन्हें वही हैं, जिनमें गुण बस एक महज है।
निर्मल भक्ति प्रभु-पाद में, जिनका भाव सहज है।।

दृढ़ हो सेवा भाव समर्पण, और भक्ति अनुराग।
तो श्री राम चले आते हैं, स्वयं आपके पास।।
रामचरित से अब तक तो बस यही हुआ है सिद्ध।
भक्ति भाव से राम को पाए; शबरी, केवट, गिद्ध।।

देख प्रभु को आते शबरी हुई भाव से भारी।
मुख से कुछ भी बोल सकी ना वह वृद्धा बेचारी।।
चरण पखारी अश्रु बिंदु से, माथ चरण में रखकर।
तथा खिलाई बैर अनूठे मीठे-मीठे चख कर।।

कहा शबरी ने रघुवर को, कि पंपासर को जाएँ।
कर मैत्री सुग्रीव कपि से, सीता का पता लगाएँ।।
जाते-जाते रामचंद्र ने करके जग कल्याण।
जगमंगल के हेतु बताया नवधा भक्ति ज्ञान।।

प्रथम भक्ति संतों का साथ, दूसरी रति मम कथा प्रसाद।
तीसरी तज कर मद अभिमान, गुरुपद सेवा और सम्मान।।
चौथी भक्ति कपट कर त्याग, मेरे गुण स्वरूप में राग।
पंचमी राम नाम की आस, राम चरण में दृढ़ विश्वास।।
छठवीं हो संयम वैराग्य, विषय भोग में होना प्राज्ञ।
सतमी सब में देखो राम, और करो संतों का मान।।
अठवीं जो हो उसमे तोष, नहीं पराए देखो दोष।
नवीं सदा रहो संभाव, छोड़ कपट, छल, छिद्र, दुराव।।
जो इनमें से एक भी ध्यावे, सो जन मुझको निश्चय पावे।
नवधा भक्ति का यह सार, कहत-सुनत जन उतरे पार।।

नवधा भक्ति दान किए, और किए राम प्रस्थान।
शबरी ने भी तापोयोग से, किया देह अवसान।।
पहुँच गए पंपासर राघव, लिए लखन को साथ।
करके कुछ विश्राम वहाँ फिर, बढ़े अग्र रघुनाथ।।

चतुर्थ विश्राम

।।।। इति श्री बाल रामायण - अरण्यकाण्ड सम्पूर्ण।।

श्री बाल रामायण -

किष्किन्धा काण्ड

॥श्री राम॥

श्री गणेशाय नमः

श्री बाल रामायण – किष्किन्धा काण्ड प्रारंभ

प्रथम सोपान

(हनुमान मिलन, सुग्रीव मैत्री एवं बाली वध)

पंपासर से आए राघव ऋष्यमूक पर्वत पर।
रहते थे सुग्रीव जहाँ पर बाली से बच-बच कर।।
अग्रज था सुग्रीव कीश का, शत्रु सम था बाली।
किष्किंधा का भूप कीश का, बाली था बलशाली।।

उसी के डर के मारे, श्री सुग्रीव जी उससे बचकर।
रहते थे बेचारे छिपकर, ऋष्यमूक पर्वत पर।।
इसीलिए लखि रामलखन को, घबराए सुग्रीव।
और कहा हनुमंत लाल से पता लगाएँ शीघ्र।।

कि ये दोनों तेज पुंज हैं कौन? इन्हें क्या काम।
पता करें हनुमान जी जाकर इनकी क्या पहचान।।
लगता दोनों बाली चर, आए मेरा वध करने।
वरना कोई और यहाँ आएगा भी क्या करने।।

सुनते ही हनुमंत लाल तब, ब्राह्मण वेश बनाए।
और जहाँ पर राम लखन थे, वहाँ चले वो आए।।
पूछे कहिए तेज पुंज हे! तरुण युगल पहचान।
इस बीहड़ पर्वत प्रदेश में, कहें कौन सा काम।।

हनुमान को देख रामजी गए बात सब जान।
अनुज सहित श्री रामचंद्र ने बतलाया निज नाम।।
और मधुर मुस्कान सजाए कहे विप्र विद्वान।
कृपा करें और हमें बताएँ अपनी भी पहचान।।

अश्रु छलक उठे नयनों से सुनकर राम का नाम।
चरणों में गिरकर के बोले महावीर हनुमान।।
प्रभु जानकर भी सबकुछ क्यों बनते हो अनजान।
मैं तो दास तुम्हारा राघव मेरी क्या पहचान।।

प्रभु ने झट से हनुमान को अपने ह्रदय लगाया।
और वहाँ आने का अपने कारण उन्हें बताया।।
श्री हनुमंत लला ने तब सुग्रीव की बात बताकर।
चले लिए श्री राम लखन को कंधे पर बैठाकर।।

राम लखन का परिचय पा सुग्रीव अति हर्षाए।
और उन्हें आसन देकर के उनको शीश नंवाए।।
और कहे हे! नाथ आपको पाकर धन्य हुए हम।
प्रभु आपकी सेवा में ही रहना हमको हरदम।।

राघव ने सुग्रीव दास को अपने ह्रदय लगाया।
और उन्हें समतुल्य स्वयं के राघव ने बैठाया।।
और कहे की दास नहीं तुम मित्र आज से मेरे।
तेरे सारे संकट हैं सुग्रीव आज से मेरे।।

दोनों ने संकल्प अग्नि का लेकर किया मिताई।
तब सुग्रीव कीश ने अपने मन की व्यथा बताई।।
कैसे बाली भ्रात उसी का उसके रक्त का प्यासा।
कैसे जीवन में उसके थी छाई घोर निराशा।

कैसे बाली ने उसको किष्किंधा से हत करके।
राजपाट, पत्नी, संपत्ति, सब कुछ उसका हर के।।
मार–मार के उसको किष्किंधा से दिया निकाल।
और बना था बैरी वह सुग्रीव संत का काल।।

सुनकर व्यथा मित्र की राघव निज की व्यथा को भूले।
और कहे श्री रामचन्द्र जी होकर आग बबूले।।
'एक बाण से ही मेरे बाली मारा जाएगा।
जाए तीनों लोक में फिर भी कहीं न बच पाएगा।।'

क्षणभर में सुग्रीव मीत को दिए अभय वरदान।
ऐसे करूणा सिंधु कहाँ हैं, जैसे मेरे राम!!
बनकर के हमदर्द राम मैत्री की रीत निभाए।
और मित्र के लक्षण क्या, जनमानस को बतलाए।।

मित्र वही जो मित्र के हर संकट को अपना जाने।
मित्र वही जो भाव मित्र का बिन बोले पहचाने।।
मित्र वही जो घोर विपत्ति में भी साथ न छोड़े।
मित्र वही जो मित्र को हरदम सही मार्ग पर मोड़े।।

होकर के कृत-कृत्य प्रभु की सुनकर बात सुखारी।
बोले तब सुग्रीव राम से कृपा आप की भारी।।
''जो मुझको भयहीन किए, हे राम! शरण में लेकर।
शपथ आपकी सेवा राघव करूँ प्राण भी देकर।।''

कहें प्रभु किस कारण से बनवासी भेष बनाए?
कहें प्रभु किस कारण वन और ऋष्यमूक पर आए?
कहें प्रभु क्या कर सकता यह वानर झुंड समूचा!
होगा क्या सौभाग्य जगत में रामकाज से ऊँचा!!

तब श्री रामचंद्र ने सीता हरण की बात बताई।
कैसे वन में जनकसुता को खोज रहे दोउ भाई।।
विरह वेदना में व्याकुल ऐसे की कामुक नर हैं।
कौन कहेगा देख के इनको कि यह लीलाधर हैं।।

बात समझ कर सारी, तब सुग्रीव जी लेकर आए।
भूषण वही जो माता सीता ने थे वहां गिराए।।
देख वस्त्र आभूषण राघव और अधिक अकुलाए।
तब सुग्रीव आदि सब मिल, राघव को धैर्य बंधाए।।

और कहे हे नाथ! आप अब बिल्कुल ना घबराएँ।
हम सब मिलकर के माता सीता का पता लगाएँ।।
माँ निश्चित मिल जाएँगी, ना करें प्रभु संताप।
खोज निकालेंगे उनको, निश्चिंत रहें बस आप।।

सुन बातें सुग्रीव मित्र की राम अति हर्षाए।
लिए संघ में अपने उनको किष्किंधा को आए।।
और उसे बल देकर बोले भरो वीर हूँकार।
जाओ जाकर बाली को तुम, ले आओ ललकार।।

सुनकर के ललकार युद्ध की बाली दौड़ा आया।
एक न माना जबकि पत्नी तारा ने समझाया।।
आते ही सुग्रीव पर उसने ऐसा किया प्रहार।
कि सुग्रीव भयाकुल भागे मान के अपनी हार।।

आए तरु की ओर जहाँ से देख रहे थे राम।
पुछे नाथ नहीं क्यों मारे, होकर के हैरान।।
कहा राम ने कि तुम दोनों दिखते एक समान।
कहो! करूँ भी तो मैं कैसे, सायक का संधान।।

तब राघव ने मित्र को अपने पहनाई एक माला।
जाकर के सुग्रीव ने बाली को फिर से ललकारा।।
ठना युद्ध दोनों में तब फिर, किया राम ने वार।
एक बाण से ही रघुनायक, दिए बाली को मार।।

पड़ा भूमि पर देख रहा वह रघुनायक को आते।
कर कठोर वाणी को अपनी, मन में शीश झुकाते।।
कहा प्रभु कि सुना है मैंने, समदर्शी हैं आप।
फिर मुझको छिपकर क्यों मारे, क्या था मेरा पाप।।

यह सुग्रीव है प्यारा तुमको, इससे प्रेम अगाध।
और मुझे यूं छिपकर कर मारे जैसे कोई व्याध।।
कहो कौन से पाप का तुमने मुझको दंड दिया है?
किस कारण से मर्यादा को तुमने खण्ड किया है?

तब रघुनायक बैठ पास में हाथ शीश पर फेरे।
और कहे हे! बाली तुम भी नहीं शत्रु हो मेरे।।
पर तुमने जो किया है वह है बहुत बड़ा अपराध।
उससे घटिया नहीं जगत में दूजा कोई पाप।।

अनुज बधु या पुत्र वधु हो, या तनया या भगिनी।
इन पर क्षुद्र दृष्टि डालें जो, जग में सबसे अधमी।।
उसको मार गिराने में है, ना कोई अपराध।
फिर उसको खुलकर के मारो या जैसे की व्याध।।

इसी पाप का बाली मैंने तुझको दंड दिया है।
नहीं तनिक भी मर्यादा को मैंने खंड किया है।।
तब बाली ने कहा राम जी मुझे शरण ले आप।
जिससे भवसागर तर जाऊँ, मिटे ताप संताप।।
तब रघुनायक ने बाली को, करके मुक्ति प्रदान।
भेज दिया अति सहज भाव से, करुणा कर निज धाम।।

प्रथम विश्राम

द्वितीय सोपान

(माँ सीता खोज प्रारंभ)

कौन कृपा का सागर ऐसा जैसे राम भवानी।
किसको कब, कैसे क्या दे दें, महिमा किसने जानी।।
कल तक जो सुग्रीव फिरा करता था मारा-मारा।
हुई कृपा तो आज बना है, किष्किंधा का राजा।।

सुख सारे वह भोग रहा है, भोग रहा है राज।
तारा निर्मल भक्ति पाई, अंगद पद युवराज।।
राम प्रवर्षण पर्वत पर हैं, काट रहे बरसात।
आपस में करते दोउ भाई, ज्ञान धर्म की बात।।

देखो तो यह प्रकृति हमें, क्या क्या शिक्षा देती है।
अपने हर कलाप से ही, नित-नव दीक्षा देती है।।
भरण-शरण रक्षा करती है, गुरु, पितु, मातु समान।
इसकी सेवा रक्षण करना, हर प्राणी का काम।।

देखो लक्ष्मण देख मेघ को, हर्षित कैसे मोर।
जैसे गृही हरिभक्त को पाकर, होते भाव-विभोर।।
दमक दामिनी की मेघों में, एक पल नहीं ठहरती।
जैसे खल की प्रीति किसी पर, स्थिर कभी न रहती।।

मेघ भरे जल ऐसे पृथ्वी के समीप झुक आएँ।
जैसे पाकर ज्ञान गुणीजन अति विनम्र हो जाएँ।।
चोट बूंद की खाकर भी, पर्वत सहिष्णु है ऐसे।
खल के क्रूर वचन को भी, सज्जन सहते हों जैसे।।

छोटी नदियां बस थोड़े से जल से होकर आगर।
ऐसे बहती तोड़ किनारा, जैसे खल धन पाकर।।
वारिद बूंद धरा को छूकर यूं मैली हो जाए।
जैसे जीव जन्म लेते ही, माया से लिपटाए।।

बूंद बूंद कर धीरे-धीरे जल सर में भर जाता।
जैसे धीरे-धीरे सद्गुण, सज्जन हृदय समाता।।
सरिता का जल स्थिर होता ऐसे सिंधु समाकर।
जैसे कोई जीव जगत में, हरिभक्ति को पाकर।।

बहुत ढूंढने पर भी वर्षा में ना मिलती धूल।
जैसे क्रोधित व्यक्ति जाता नीति धर्म को भूल।।
चंहु ओर तृण-घास उगे हैं, ढके सभी है पंथ।
जैसे पाप-ढोंग बढ़ने से लुप्त हुए सद्ग्रन्थ।।

ऐसे ही श्री रामचंद्र जी बैठ अनुज के संग।
काट रहे बरसात विपिन में कह सुन कथा प्रसंग।।
धीरे-धीरे बीत गई बरखा ऋतु परम सुहाई।
और कि जिसका इंतजार था, शरद ऋतु वह आई।।

सूख गए सब पंक डगर के, खिले कांस के फूल।
सीता जी की खोज को जैसे, हुई ऋतु अनुकूल।।
पर सुग्रीव जी राजपाट में ऐसे हैं मशगूल।
कि जो वचन दिए रघुवर को, उसको गए हैं भूल।।

बोले तब श्री राम ''लखन तुम किष्किंधा को जाओ।
और सखा सुग्रीव को थोड़ा, भय दिखला ले आओ।।''
तब सुग्रीव शरण में आकर बानर यूथ बुलाए।
और उन्हें निर्देशित करके, चहुं दिशि दिए पठाए।।

कहे मास भर का है केवल समय तुम्हारे पास।
इसमें जो बिन पता लगाए आया मेरे पास।।
तो मैं उसको हत कर दूँगा मार कठोर कृपाण।
नहीं बचेंगे किसी तरह से, सुनों किसी के प्राण।।

सुनकर के सुग्रीव के बानर, ऐसे वचन कठोर।
चले जहाँ निर्दिष्ट उन्हें था, राम नाम जय बोल।।
पूरब पश्चिम उत्तर दिशि में बानर यूथ पठाए।
दक्षिण कि खातिर वीरों का, दस्ता खास बनाए।।

दक्षिण में नल नील जामवंत, अंगद और हनुमान।
लेकर प्रभु का नाम कि जबहि करने लगे पयान।।
तभी प्रभु श्री राम पास में, हनुमत को बैठाकर।
उन्हें मुद्रिका अपनी देकर अपने हृदय लगाकर।।

कहे वीर हे! जाओ, तुम कर आओ पूरण काम।
तुम पर है विश्वास मुझे हे! महावीर हनुमान।।
जाकर के सीता की सुधि तुम, मुझतक शीघ्र ही लाना।
और शीघ्र ही लाएंगे हम, उनको यह समझना।।

राघव ने ऐसा भरा, हनुमत में उत्साह।
कि उनमे भर आया खुद पर और अधिक विश्वास।।
हर्षित होकर चले कपीश्वर, लिए राम का नाम।
राम काज को आतुर सबसे महावीर हनुमान।।

इधर खोजते हुए सिया को दक्षिण दिशि के वीर।
पहुँच गए सागर के तट पर, बैठे सिंधु के तीर।।
सोंच रहे कि अब कैसे माता का पता लगाएँ।
और भला वापस जाए भी, तो किस मुंह से जाएँ।।

मास दिवस तो बीत गया पर अब तक ढूंढ न पाए।
अब तो आगे केवल सागर कहाँ खोजने जाएँ।।
हार मानकर बैठ गए, सब कर विलाप बहु भांति।
इतने में ही निकल कंदरा से पूछे संपाती।।

कौन हो तुम सब बानर सारे यहाँ हो कैसे आए।
तब जाकर श्री जामवंत जी सब वृतांत सुनाए।।
नाम जटायु सुन आँखें संपाती की भर आई।
कहा उन्होंने पुण्य जटायु उनका छोटा भाई।।

धन्य जटायु कि तुमने रघुनायक के चरणों में।
रामकाज की खातिर 'छोटे' प्राण गंवाए अपने।।
काश कि मैं सुधि ला पाता, माता सीता को ढूंढ।
पर कैसे यह पंख जले हैं, यह काया भी बूढ़।।

यह कहते ही संपाती के पंख नए ऊग आए।
राम काज जो करना चाहे उसके राम सहाय।।
हनुमत स्वयं पूर्ण कर देते रघुनायक के काज।
वरना क्या यह ''बाल रामायण'' मैं लिख पाता आज।।

राम स्वयं ही करते जग के पूरण सारे काम।
और कृपा से उनकी होता हम लोगों का नाम।।
कर्म वही हैं, कर्ता वे ही; कारक सकल प्रधान।
पर मानव होता इन सब से, माया वश अनजान।।

रामकृपा से संपाती ने अभिनव पंख पसार।
गिद्ध दृष्टि से देखा, सत योजन सागर के पार।।
''कि त्रिकुट पर्वत पर लंका नगरी एक सुजाता।
जहाँ वाटिका में अशोक के नीचे व्याकुल माता।।''

वह नगरी रावण की है जो असुरों का सम्राट।
वहाँ पहुँचना बहुत कठिन है, पहरा है दिन रात।।
जो बल बुद्धि निधान लांघ सकता सत योजन सागर।
वही बली आ सकता है, सीता का पता लगाकर।।

मत निराश हो रामदूत हे! तुम सब अतुलित वीर।
रामकाज करने बढ़ो, हृदय राखि रघुवीर।।
कहकर चले गए संपाती, वानर शोक अपार।
कौन करेगा अब कैसे इस, महासिंधु को पार।।

सब विचार करते, कहते हैं, अपने बल का माप।
पर कोई भी नहीं जो आए, सत योजन को नाप।।
सबने अपनी बात कही पर, हनुमत हैं चुपचाप।
एकल में वे बैठ कर रहे, रामनाम का जाप।।

बोले तब श्री जामवंत जी, सुनो वीर हनुमान।
क्यों बैठे चुपचाप अकेले, हे अतुलित बलधाम।।
तुम तो पवनदेव के सुत हो, बल है पवन समान।
कौन जगत में तुमसे बढ़कर, ज्ञानी बुद्धि निधान।।

कौन सा काज कठिन है जग में, जो नहीं हनुमत तुम्हरे बस में।
रामकाज को जन्म तुम्हारा, स्मरण करो बल बुद्धि अपारा।।
जाग उठे हनुमत ललकार, तुरतहि हुए पर्वताकार।
बोले ऐसे सिंधु हजार, खेल-खेल में उतरुं पार।।
ले आऊँ त्रिकुट उखार, सैन्य सहित रावण संहार।
सिंह नाद करि बारंबार, कूद रहे हैं पवन कुमार।।

ना ना सुनो वीर हनुमान, तुम करना बस इतना काम।
सितहि देखि सिया सुधिआन, लेकर आना कछुक प्रमाण।।
इसके आगे श्री भगवान, सिद्ध करेंगे अपना काम।
इसमें ना कुछ अपना जान, संकट मोचन हे! हनुमान।।
जय सिया राम, जय हनुमान, संकट मोचन कृपानिधान।
जय सिया राम, जय हनुमान, संकट मोचन कृपानिधान।।

द्वितीय विश्राम

।।इति श्री बाल रामायण - किष्किंधा काण्ड सम्पूर्ण।।

श्री बाल रामायण -

सुन्दर काण्ड

॥ श्री राम ॥

श्री गणेशाय नमः

श्री बाल रामायण – सुन्दर काण्ड प्रारंभ

प्रथम सोपान

(हनुमान जी द्वारा समुद्र लांघना एवं लंका पहुंचना)

सुनकर बातें जामवंत की प्रमुदित हो हनुमान जी।
सबको शीश नवां कहते हैं सादर जय सिया राम जी।।
मन में है विश्वास अटल की होगा पूरण काम जी।
सबको शीश नवां कहते हैं सादर जय सिया राम जी।।

सिन्धु किनारे चढ़े पहारे, स्मरण किए रघुवीरा।
कूद वहाँ से वायु वेग से चले पवनसुत वीरा।।
शैल विशाला, धंसा पताला, गयो रसातल धाम जी।
सबको शीश नवां कहते हैं सादर जय सिया राम जी।।

देखे रामदूत को जाते तो पर्वत मैनाक जी आ के।
बोले हनुमत कुछ तो खा के, कर लो जी विश्राम नहा के।।
परस किए और कहे पवन सुत करके उन्हें प्रणाम जी।
राम काज करने से पहले मोहि कहाँ विश्राम जी।।

सीख यही सिखलाते हनुमत अपने उक्त कथन से।
धारण करलो इसे युवाओं अपने पूरे मन से।।
जब तक लक्ष्य न पूरा होवे लेना नहीं विराम जी।
सबको शीश नवां कहते हैं सादर जय सिया राम जी।।

मिली मार्ग में आगे सुरसा, अपना बदन पसार के।
बोली आज तुझे मैं खाऊँ शत योजन मुख फाड़ के।।
तब छोटा बन, बड़ी समस्या का कर लिए निदान जी।
मुख से बहार आकर हनुमत पुनः किए प्रस्थान जी।।

सुरसा गई सिंहिका आई, थाम के हनुमत की परछाई।
वेग पे उनके रोक लगाई, समझ गए कपि सब चतुराई।।
एक गदा से ही हनुमत ने हर कर उसके प्राण जी।
बढ़े जोर से आगे हनुमत कहते जय सिया राम जी।।

लक्ष्य भला किसने हैं पाया, बाधा रहित महान जी।
कौन भला पाया है जग में, बिन मेहनत परिणाम जी।।
बाधाएँ हमको सिखलाती, देती अनुभव ज्ञान जी।
सबको डटकर सहते जाओ, कहते जय सिया राम जी।।

कर समुद्र शत योजन पार, पहुँच गए लंका के द्वार।
कपिवर मन में किए विचार, हो जाए जब कुछ अंधियार।।
तब मैं भीतर जाऊँगा, जब हो जाएगी शाम जी।
तब तक बैठ जप रहे हनुमत, सादर जय सिया राम जी।।

साँझ परे लघु रूप बनाए, करने लगे नगर पैसार।
तभी लंकिनी नगर रक्षिणी, बोली हनुमत को ललकार।।
"कहाँ चला ओ बानर रुक जा, क्या है तेरा नाम जी।
लंका के भीतर जाता है, क्या है तुझको काम जी।।"

मारे कपिवर एक मुष्ठिका, मुख से बही रुधिर की धार।
गिरी लंकिनी भू-पर उठ फिर बोलि सविनय वचन उचार।।
ब्रह्मा जी के वर से मैंने लिया तुम्हें पहचान जी।
और नवां कर शीश वो बोली सादर जय सिया राम जी।।

ब्रह्मा जी ने अभय किया, रावण को जब वरदान से।
जाते वक़्त कहा था मुझसे – "सुनो लंकिनी ध्यान से"–
"वानर तुमको मार गिराए तो समझो कल्याण जी।
असुर जाति के अंत का होगा अंतिम यही निशान जी।।"

राम दूत का दर्शन पाया धन्य भाग्य हैं मेरे।
क्षण भर का सत्संग मिटाता मन के घोर अँधेरे;
करो नगर पैसार कपीश्वर, हृदय राखि भगवान जी।
पूर्ण करो सब काम सुमिर कर सादर जय सिया राम जी।।

प्रथम विश्राम

द्वितीय सोपान

(अशोक वाटिका में सीता माँ से भेंट)

नगर भवन उपवन वन सारे, हेरि थके हनुमत बेचारे।
तीन प्रहर रात्रि का बीता, मिली न उनको माता सीता।।
तभी दिखा एक भवन मनोहर, राम नाम अंकित था जिस पर।
सभी भवन से भवन भिन्न था; तुलसी, वट अरू राम चिन्ह था।।
सोच रहे हनुमत मन ही मन, कैसे निशिचर नगर में सज्जन।
उसी समय पर जगा विभीषण, राम नाम का करते सुमिरन।।
ब्राह्मण भेष बना कर हनुमत, करके उन्हें प्रणाम जी।
उनको शीश नवां कहते हैं, सादर जय सिया राम जी।।

पूछे हनुमत परिचय उनका, कैसे रहते सज्जन लंका।
कहे विभीषण नाम बताकर, राम चरण का दास बताकर।।
रहते हम लंका में ऐसे, दन्त बीच जिह्वा हो जैसे।
रामचरण का करके ध्यान, काट रहे जीवन संग्राम।।
आप कहें ब्राह्मण निज नाम, दें परिचय बतलाएँ काम।
लगता की हरि दास हैं आप, अंतर्मन होता आभास।।
भक्त विभीषण को तत्क्षण तब, हृदय लगा हनुमान जी।
देते अपना परिचय कहकर, सादर जय सिया राम जी।।

रामदूत को सन्मुख पाकर, कहे विभीषण शीश नवां कर।
धन्य भाग्य जो आप पधारे, दोष मिटे दर्शन से सारे।।
रामकृपा का है यह शुभफल, जो पंकज खिल आया दल दल।
राम कृपा से मिलते सज्जन, जो करते माटी को चन्दन।।
पर क्या कभी स्वयं श्री राम, दर्शन देंगे श्री भगवान।
सुना है वे करुणा के धाम, रखते निज भक्तों का ध्यान।।
कैसे कहिए ना हनुमान, मुझे मिलेंगे राम जी।

भक्ति भाव में डूब गए हैं, कहते जय सिया राम जी।।
हनुमान जी तब मुस्काई, बोले सुनो विभीषण भाई।
राम प्रभु करुणा निधान हैं शरणागत का उन्हें ध्यान है।।
नहीं भक्त में करते अंतर; देव, दनुज, मानव या बन्दर।
जो कोई सुमिरै मन लाई, ता पर निश्चय राम सहाई।।
देखो मैं ही कवन कुलीन, बानर हूँ चंचल मतिहीन।
फिर भी कृपा किए रघुराया, स्नेह सहित मुझको अपनाया।।
तुमपर भी वे कृपा करेंगे, अपनाएँगे राम जी।
भाव मगन हो जपते जाओ, सादर जय सिया राम जी।।

पूछे फिर हनुमान कि भईया, कहां मिलेंगी सीता मईया।
मुझको उनका पता बताओ, राम काज में हाथ बटाओ।।
ताकि मैं उनसे मिल पाऊँ, कुशल-क्षेम उनका मैं पाऊँ।
शीघ्र मुझे वह स्थान बताओ, नहीं तनिक भी देर लगाओ।।
बतलाए श्रीमंत विभीषण, जहाँ अवस्थित था वह उपवन।
मार्ग बता हनुमान को सादर, विदा किए वह शीश नंवाकर।।
और कहे की राम दूत हे! रखना मेरा ध्यान जी।
विदा किए हनुमान को कहकर, सादर जय सिया राम जी।।

हर्षित हो हनुमान महाप्रभु पता सिया का पाई के।
पहुँच गए उपवन अशोक में छोटा रूप बनाई के।।
देखे चाक चौकसी सारी, चप्पे-चप्पे पहरा।
देखे मातु सिया को तो आघात लगा अति गहरा।।
जो त्रैलोक्य नाथ की रानी माया जिनकी दासी।
उनके चेहरे पर छाई यह कैसी घोर उदासी।।
कभी कभी इतने निष्ठुर क्यों हो जाते भगवान जी।
खैर प्रभू की माया जाने केवल मायाधाम जी।।

सोंच रहे हनुमान की कैसे माँ से मैं मिल पाऊँ।
कैसे उनके चरण निहारू सारी बात बताऊँ।।
यही सोच हनुमान जी चढ़कर तरु अशोक के ऊपर।
बैठ गए धीरज धारण कर रामहि राम सुमिरि कर।।
तभी वहां पर रावण आया, सीता को बहुविधि समझाया।
''मास दिवस में कहा न माना तो मरूँगा'' यह धमकाया।।
तब माता सीता ने तिनके से कर अपना त्राण जी।
कहा अधम तू जुगनू सा है, और दिवाकर राम जी।।

चला गया रावण झल्लाकर अपमानित हो मुंह की खाकर।
तब विनीत हो बोली सीता करो कृपा हे माता त्रिजटा।।
यद्यपि तुम हो असुर वरण की, पर अनुरागी राम चरण की।
इसीलिए कुछ करो उपाय, जिससे माँ मुक्ति मिल जाए।।
इस बिरहाकुल जीवन से, अच्छा है निकले प्राण जी।
कर विलाप सीता रोती हैं, रटते-रटते राम जी।।

त्रिजटा ने सीतहिं समझाया, स्वप्न जो देखा था बतलाया।
कि एक बानर लंका आया, जिसने लंका को सुलगाया।।
रावण खर आरूढ़ अभागा, भक्त विभीषण बने हैं राजा।
इसीलिए मत हत हो सीते, मन न अधीर करो तुम सीते।।
प्रभु राम लंका जीतेंगे, दुःख के दिन सारे बीतेंगे।
वापस तुमको ले जाएँगे, सुख के दिन वापस आएँगे।।
कह समझा कर चली गई, त्रिजटा कर अपना काम जी।
मातु सिया चुपचाप अकेली, विह्वल विकल हे राम जी!!

चले गए जब सभी वहाँ से, छाई घोर निशा अंधियार।
कहा सिया ने तब अशोक से, करो नाम अपना साकार।।
जीवन से मुक्ति मिल जाए, दे दो मुझको एक अंगार।
हे अशोक तुम ही सहाय बन हर लो मेरा शोक अपार।।
हनुमान ने सुना सिया को, माँग रही तरु से अंगार।
उसी समय तब रामचंद्र की दिए मुद्रिका झोली डार।।
देखी रामचंद्र की मुदरी हुई सिया हैरान जी।
सोच रही ये माया है या आएँ हैं श्री राम जी।।

हनुमान फिर लगे सुनाने राम कथा विस्तार से।
राम नाम का वर्णन करने लगे कपीश्वर प्यार से।।
सीता मुग्ध हुई सुनकर के राम चरित लंका में।
लेकिन डूब गई चिंता में, भय विषाद शंका में।।
कहा उन्होंने जो भी है वो सन्मुख क्यों नहीं आता।
क्यों ना अपना भेद खोलता, सारी बात बताता।।
सुनकर तब यह प्रकट हो गए पवन पुत्र हनुमान जी।
सादर शीश नवां माता को बोले जय सिया राम जी।।

हनुमान ने कहा सिया से सुनो मातु हे जानकी।
मैं तो सचमुच राम दूत हूँ सत्य शपथ भगवान की।।
नाम मेरा हनुमान है माता रामचरण का दास हूँ।
हुई कृपा करुणा निधान की तो मैं तेरे पास हूँ।।
लाया हूँ यह मातु मुद्रिका राम निशानी जान ले।
प्रभु राम हैं स्वामी मेरे मुझको बालक मान ले।।
प्रेम वचन सीता से कहकर करके उन्हें प्रणाम जी।
प्रेम मगन हो गए पवनसुत, मिला उन्हें विश्राम जी।।

सुनो पुत्र पूछा सीता ने – ''रघुनायक का हाल कहो।
कैसे हैं रघुवीर हमारे हे! अंजनी के लाल कहो।।
खाते–पीते स्वस्थ तो हैं ना या रहते बेहाल सदा।
मुझे याद करते हैं अक्सर, या की दिन में यदा–कदा।।
और कहो लक्ष्मण हैं कैसे वो भी बिलकुल ठीक हैं ना।
हनुमान जी कहो न रघुवर और लखन जी नीक हैं ना।।
कहना उनसे ठीक हूँ मैं भी, रखें वो अपना ध्यान जी।
लखन लाल को आशिष मेरा, रघुवर मेरा प्रणाम जी।।''

हनुमान ने कहा – ''हे माता! क्या रघुवर का हाल कहूँ।
तुम बिन बिल्कुल तुमसे हैं वो, क्या मैं अधिक मिसाल कहूँ।।
सदा मंद मुस्काते रहते पर अँखियन में नीर सदा।
धीर बंधाते लक्ष्मण को पर रहते स्वयं अधीर सदा।।
माँ बस कुछ दिन और शेष फिर तुमको लेने आएँगे।
असुरों का मर्दन कर राघव तुमको लेकर जाएँगे।।
तुम बस धारण धीर करो, कर प्रभु चरणों का ध्यान जी।
और मुझे आयसु दो कर लूँ, फल खाकर जलपान जी।।''

द्वितीय विश्राम

तृतीय सोपान

(लंका दहन एवं राम की विनय याचना)

प्रेम मग्न हो माता ने पहले तो आशिष किया प्रदान।
सदा कृपा करुणा निधान की होवे तुम पर हे! हनुमान।।
फल खाने से नहीं रोकती कतिपय तुमको हे! गुणवान।
लेकिन उपवन के रखवारे वीर, महाभट और बलवान।।

तुम हो सूक्ष्म सुकोमल बानर और असुर दुर्जेय अपार।
पुत्र जो खाओगे फल तो वे तुम्हें पकड़कर देंगे मार।।
तब हनुमत ने सिंह नाद कर राम नाम का किया पुकार।
और मातु सीता के सन्मुख अपना रूप किया विस्तार।।

और चले आयसु पाकर के, उपवन के फल खाने को।
राम नाम का आश्रय पा असुरों को धूल चटाने को।।
धरे भूधराकार शरीरा चले पवन सुत मस्त हुए।
देख के बानर विकट भयंकर, राक्षस मन में पस्त हुए।।

जय जयकार राम की करते हनुमान फल खाते हैं।
खाते हैं फल और साथ में कपिवर पेड़ गिराते हैं।।
कुछ उखाड़ देते हैं जड़ से, और कछुक को तोड़ दिए।
कुछ रखवालों को दे मारे और कछुक को छोड़ दिए।।

हाहाकार मचा लंका में कौन ये बानर आया है।
रावण की लंका में घुसकर कौन कहर बरपाया है।।
मसल-मसल कर रगड़-रगड़ कर मार रहा है असुरों को।
उन्हें डराता, भय बरपता धूल चटाता ससुरों को।।

खबर आग सी फ़ैल गई लंका के दिग्गज डोल पड़े।
नहीं सके जब स्वयं तो सारे, जा रावण से बोल पड़े।।
बानर एक घुसा लंका में, अतिशय विकट विशाल बड़ा।
उपवन क्षत-विक्षत करके भी, एकल निडर निहाल खड़ा।।

राम नाम कहता है केवल और नहीं कुछ बोल रहा।
डाली से डाली पर कूदे उपवन को बस रौंद रहा।।
मार रहा है मरकट सबको, अति उत्पात मचाया है।
यत्न सभी करके भी दशमुख हाथ नहीं वह आया है।।

आग बबूला होकर रावण, घोर गर्जना कर बोला।
कौन है मरकट ऐसा जिसने, रावण के मद को तोला।।
भेजा सुत अक्षय कुमार को, मरकट मार गिराने को।
या फिर उसको बांध पकड़ कर, अच्छा सबक सिखाने को।।

देखे हनुमत आती सेना, संग में अक्षय कुमार के।
उसे वहीं दे मारे हनुमत, भारी वृक्ष उखाड़ के।।
और भरे हुंकार पवनसुत, रामनाम जयघोष किए।
भाग गई सेना भयकारी, हनुमान को बिना छुए।।

पाया सुत का समाचार कि वीर गति को प्राप्त हुआ।
रावण के अभिमानी मन में, क्रोध अधिक तब व्याप्त हुआ।।
भेजा मेघनाद सुत को तब, जाओ उसको धर लाओ।
बाँध के उस मरकट को जीवित, मेरे पास इधर लाओ।।

देखे मेघनाद को आते तो हनुमंता गरज पड़े।
गरज–गरज के दो बलवंता एक दूजे पर बरस पड़े।।
तोड़ दिए रथ मेघनाद का, भू पर कुछ पल रहा पड़ा।
होश संभाला, शस्त्र सहेजा, गुस्से से फिर हुआ खड़ा।।

विफल हुई जब माया सारी नहीं सकेगा जान लिया।
इन्द्रजीत व्याकुल होकर तब, ब्रह्म बाण संधान किया।।
ब्रह्म बाण देखे तो हनुमत बिना कोई प्रतिकार किए।
ब्रह्म पाश का बंधन हनुमत हाथ जोड़ स्वीकार किए।।

कौन बाँध सकता है जग में, अनुयायी जो राम का।
क्या बिगाड़ लेता रावणसुत–मेघनाद, हनुमान का।।
पर रखने को मान पवनसुत, ब्रह्म–पाश में बंधे हुए।
मेघनाद का बनकर कैदी, रावण सन्मुख खड़े हुए।।

अट्टहास हंसा रावण फिर घोर गर्जना कर बोला।
क्या रे दुष्ट, अधर्मी बानर; दुष्ट वचन मुख से बोला।।
''कौन है तू! क्या नाम है तेरा? यहाँ कहाँ से आया है?
किसके दम पर उछल रहा तू, किसकी तुझपर छाया है?''

''इससे पहले सैनिक मेरे, प्राण दंड तुझको दे दें।
और मार कर मरकट तुझको, लंका के बाहर फेकें।।
बोल यहाँ किस हेतुक आया, किसने तुझे पठाया है।
लगता तेरा काल निकट जो लंका में घुस आया है।।''

"लगता है कि तूने अबतक रावण को पहचाना ना।
दिग्विजयी लंकेश दशानन हूँ मैं, मुझको जाना ना।।
देव असुर दानव सब मेरा नित नित चारण करते हैं।
मुझको शीश नवाते, अक्षरशः अनुपालन करते हैं।।
फिर तेरी हिमत भी कैसे हुई यहाँ पर आने की।
उपवन के फल खाने की, लंका में उधम मचाने की।।"

कहा कपीश्वर ने सुन रावण, "दंभ तेरा मैं देख चुका।
क्या है कितने पानी में है, शक्ति तुम्हारी लेख चुका।।
जो-जो बात बताई तूने, वो सारी मैं भाप लिया।
रावण की औकात है कितनी वो भी मैंने नाप लिया।।"

"कौन कहेगा रावण कि तू दिग्विजयी सम्राट है।
बोल प्रभू श्री राम के आगे तेरी क्या औकात है?
जो हैं त्रिभुवन के स्वामी, यह जगत ही जिनकी माया है।
जिनकी वामा सीता को तू चोरी से हर लाया है।।"

"रे! अधमी, तू चोर कुटिल है, पर तेरा अभिमान बड़ा।
अक्सर होता है यह जबकी, भर जाता पाखंड घड़ा।।
सुन तेरा भी नाश निकट है, तभी तेरी मति क्षीण हुई।
ज्यों सन्निकट निशि होने से, रवि रश्मि भी जीर्ण हुई।।"

मान मूढ़ समझावन मेरा राम जगत के स्वामी हैं।
करुणाकर, शरणागत वत्सल क्षमा दान के दानी हैं।।
चरण पकड़ ले, शरण में जाकर सीता को लौटा दे तू।
हे! रावण तू बात मान ले, सारे पाप मिटा ले तू।।

मान ले मेरा कहना रावण, तेरा पुण्य तरण होगा।
वरना इसके आगे सुनले ऐसा भीषण रण होगा।।
कि लंका शोकाकुल होगी, घर आँगन फैलेगा क्लेश।
लंका का हित निहित इसी में, मान ले कहना हे! लंकेश।।

अनुनय विनय किए हनुमंता, बहुत भांति समझाया।
पर रावण को नीति वचन कुछ एक समझ ना आया।।
उलटे अपमानित कर बोला ओ! बानर अज्ञानी।
लगता कि लंकेश के डर से याद आ गई नानी।।

और तेरा वो राम भी लगता थर थर काँप रहा है।
रावण के यश गान पराक्रम से ही हांफ रहा है।।
तभी बड़ा नीतिज्ञ निपुण बन भेज दिया बानर को।
ताकि युद्ध ना करना पड़ जाए भिक्षुक कायर को।।

बात सुने रावण की हनुमत तो समझे यह बात।
कि दुर्दिन हो पास तो किसको भाती है हितवाद।।
सत्ता का मद लोभ मोह और काम क्रोध अभिमान।
जिसपर हावी होवें, उसका कर दें काम तमाम।।

फिर वो कोई भी हो चाहे ज्ञानी या सम्राट।
पर ये कारक ऐसे कि कर देते सबको ख़ाक।।
इनसे दूर रहो जैसे भी यही श्रेष्ठ उपचार।
राम नाम की थाम के डोरी, कर लो नौका पार।।

तब बोले हनुमान कि रावण तू ना अब समझेगा।
अब आगे क्या कर सकता मैं, तू ही सब भोगेगा।।
तूने जैसा कर्म किया है वैसा फल पाएगा।
रामचंद्र के कोप से रावण तू ना बच पाएगा।।

सुनकर भृकुटी वक्र हुई रावण ने कहा सरोष।
ऐसा मारो इस बानर को कभी न आए होश।।
प्राण दंड देकर के इसको फेंको सागर पार।
इसके राम को भेजो लंका का यह शुभ उपहार।।

सुनकर सेना दौड़ पड़ी, तो संत विभीषण आए।
रावण को वे शीश नवाकर, राजनीति समझाए।।
माल्यवान नाना रावण के, ने भी किया समर्थन।
कि ना प्राण हरो हनुमत के दूत निपातन वर्जन।।

मान गया रावण पर उसने मन ही मन प्रतिकार किया।
कैसे आहत हो यह बानर, युक्ति एक विचार किया।।
कहा सुना है सब अंगों से प्यारी इनको पूंछ।
पूंछ यही बानर जाति की, होती समझो मूंछ।।

इसीलिए अब लूम जला दो, इस मरकट की आज।
बांध के कपड़ा, तेल छिड़क कर; लगा दो इसमें आग।।
बिना पूंछ के बानर यह नंगा होकर जाएगा।
जाकर के संग अपने उस बनवासी को लाएगा।।

देखूँगा तब मैं कि किसमें कितना अधिक वजन है।
देखूँगा तब मैं कि किसमें कितना ज्यादा दम है।।
रावण अधिक प्रबल है जग में, या वो भिक्षुक राम।
चलो देख लेगा यह भी जग, जब होगा संग्राम।।

यह सुनते ही दौड़ पड़े सब रावण के अनुयायी।
बांध के कपड़ा पूंछ में फिर, दुष्टों ने आग लगाई।।
और बजाने लगे दुंदुभी नाच-नाच कर सारे।
होनी थी होनी के मद में अंधे थे बेचारे।।

देखे जलती पूंछ तो हनुमत मन ही मन मुस्काए।
तुरत सुमिरि श्री रामचंद्र को छोटा रूप बनाए।।
तोड़ दिए ब्रह्मास्त्र का बंधन, कहकर सीताराम जी।
और चढ़ गए नगर अटारी, पवनपुत्र हनुमान जी।।

पवन देव की हुई कृपा तो चली पवन पुरवाई।
उछल-कूद कर हनुमत ने सारी लंका सुलगाई।।
धूं-धूं करके सुलग उठी निश्चर की नगरी सारी।
एक विभीषण की कुटिया पर, पड़ी नहीं चिंगारी।।

हनुमान ने जला के लंका अपनी आग बुझाई।
और सिया के सन्मुख आकर, कहा सुनो हे! माई।।
मेरा कारज सिद्ध हुआ, अब जाना है रघुवर के पास।
मुझको एक निशानी दे दो, जिससे उनको हो विश्वास।।

माता ने चूड़ामणि देकर विदा किया हनुमान को।
वापस आकर हनुमान ने शीश नवां भगवान को।।
बतलाया सब कुशल क्षेम और माँ की दशा बताई।
देखे चूड़ामणि तो राघव की आँखें भर आई।।

हृदय लगाकर हनुमान को रघुनायक सुख पाते हैं।
उनका कर गुणगान सियापति फूले नहीं समाते हैं।।
फिर बोले रघुनायक कि – ''अब करना है प्रस्थान अभी।''
हुए सभी तैयार ख़ुशी से, और किए जयकार सभी।।

कौतुक करते मोद मनाते कूद पड़े बानर सारे।
कोटिक विकट महाभट भूधर, एक से एक सभी न्यारे।।
जामवंत, नल, नील, केसरी, अंगद और सुग्रीव सयान।
रामचंद्र, हनुमान, लखन संग बानर सारे किए पयान।।

पहुँच गए सागर के तीरे रघुनायक सेना के साथ।
होने लगी तभी लंका में अशुभ सूचकों की बरसात।।
मंदोदरी, विभीषण नाना माल्यवंत सब समझाए।
पर रावण को नहीं किसी का नीति वचन रत्ती भाए।।

उल्टे अपमानित कर मारा भक्त विभीषण को एक लात।
और कहा तू ज्ञान मुझे देता है, तेरी ये औकात।।
जा बाहर लंका के तुझको देता हूँ मैं देश निकाल।
जाकर उस बनवासी के चरणों में गिर जा रे! चंडाल।।

चले विभीषण हाथ जोड़कर, निज मंत्री को लेकर साथ।
चले वहाँ से जैसे सज्जन, लंका तत्क्षण हुई अनाथ।।
साधु अवज्ञा और अनादर का दुष्कर परिणाम सुनो।
स्वयं राम भी कर सकते ना, उसका फिर कल्याण सुनो।।

मंत्री गुरु अरु वैद्य जगत में, जो मिथ्या बोले भय मान।
तो तन, राज, धर्म तीनों का, हुआ नाश यह निश्चय जान।।
इसीलिए सब छूटे तो भी; धर्म, शील, सम्मान रहे।
राम चरण में प्रेम प्रबल हो, मर्यादा का ध्यान रहे।।

पहुँच गए श्री राम शरण में भक्त विभीषण आस लिए।
अपनाएँगे रघुवर उनको, मन में ये विश्वास लिए।।
कैसे ना अपनाते उनको, शरणागत वत्सल भगवान।
हृदय लगाया उन्हें उठाकर, ऐसे हैं करुणाकर राम।।

दिया भरोसा हिम्मत देकर रघुवर ने विश्वास दिया।
बड़ी सहजता से सकुचाते उनको लंका राज दिया।।
फिर पूछे कि कहें मित्रवर सागर कैसे पार करें।
कैसे सेना पार उतारें क्या इसका उपचार करें।।

कहे विभीषण प्रभू आप हैं, सकल सिद्ध सक्षम भगवान।
जग के सारे सिंधु सोख ले आपके तरकश का एक बाण।।
लेकिन शस्त्र उठाने से पहले तो विनय जरुरी है।
विनय शीलता, दान, दया बिन शक्ति अर्ध-अधूरी है।।

नीति वचन श्रीमंत विभीषण का राघव को नीक लगा।
सागर से रास्ता माँगन का साधन उनको ठीक लगा।।
अतः बैठकर सिंधु किनारे राघव नीति सिखाते हैं।
पूजन अर्चन विनय प्रार्थना करके सिंधु मनाते हैं।।

पर ये सारी बात विभीषण की लक्ष्मण को भाए ना।
पूजन अर्चन विनय याचना का उपचार सुहाए ना।।
कहा उन्होंने – ''भ्रात आप तो वीर भद्र कुल नायक हैं।
पूजन अर्चन साधन उनके होते हैं, जो कायर हैं।।''

''आप वीर है भैया उठकर अग्नि बाण संधान करें।
और सिंधु को सोख प्रभु जी संकट शीघ्र निदान करें।।
कहाँ मनाने में इस जड़ को, अपना समय गंवाते हैं।
विनती यह स्वीकार करें राघव हम शीश नवाते हैं।।''

सुनकर वचन लखन के रघुनायक ने उनको समझाया।
श्रेष्ठ सदा संधि होती है जनहित जग को बतलाया।।
''सत्ता और शक्ति का होना लखन सुनो वरदान है।
लेकिन इनसे अधिक श्रेयस्कर क्षमा, शरण का दान है।।''

''क्षमा वीर का भूषण है ये कायरता की बात नहीं।
क्षमा करेगा क्या वो विषधर जिसके होते दांत नहीं।।
लेकिन संग क्षमा के होना शक्ति बहुत जरूरी है।
वरना तो माफ़ी देना बस केवल एक मजबूरी है।।''

सुनो शस्त्र संधान से पहले शांत संतुलित हो सोचो।
युद्ध सदा टल जाए जिससे राह कोई ऐसी खोजो।।
शक्ति से पहले श्वेत पताका श्रेष्ठ की ज़िम्मेदारी है।
नीति निपुण संभ्रांत श्रेष्ठ ही शक्ति का अधिकारी है।।

पर जो कोई बार बार समझाने पर भी ना माने।
शांति, शीलता, विनय, प्रार्थना; को कायरता पहचाने।।
तब हे लक्ष्मण सुनो शस्त्र का धारण ही उत्तम मत है।
राष्ट्र, धर्म, सम्मान, स्वयं के रक्षण को रण सम्मत है।।

यही नीति समझाते रघुवर, बैठे सिंधु मनाते हैं।
पूजन, अर्चन, विनय, प्रार्थना; सारी युक्ति लगाते हैं।।
पर जो जड़ है, अभिमानी है; अनुनय कहाँ समझता है।
केला कितना भी सींचो, पर कटने से ही फलता है।।

बीत गए जब दिवस तीन पर कहा न माना सागर ने।
रघुनायक के अनुनय का ना मान किया रत्नाकर ने।।
तब क्रोधित होकर रघुवर ने कहा यही जगती की रीति।
की अधमी जड़ अभिमानी को होती नहीं बिना भय प्रीति।।

कहकर अपना धनुष उठाए और किए भीषण टंकार।
बाण चढ़ाते ही धनु पे सागर में धधक उठा अंगार।।
जीव जंतु पादप जलचर में मचा प्रलय का हाहाकार।
त्राहि माम् कर श्री चरणों में सागर ने तब किया पुकार।।

कहा नाथ हे क्षमा करें मैं समझ न पाया आपको।
अभिमान वश भूल गया मैं प्रभु ताप परताप को।।
पर जो कुछ भी हुआ रामजी उसमें मेरा दोष नहीं।
अभिमान, मद हावी हो तो रहता कुछ भी होश नहीं।।

रावण के सन्निकट बसा हूँ इसीलिए अभिमान हुआ।
मैं विशाल हूँ जग में सबसे झूठा मुझे गुमान हुआ।।
नाथ अवज्ञा क्षमा करें और कृपा करें आवेश तजें।
क्या कर सकता है यह सेवक, प्रभू आप आदेश करें।।

सुनकर राघव आर्द्र हुए और पास गए रत्नाकर के।
उसे उठाया स्नेह जताया सारी बात बताकर के।।
और कहे कि सेना मेरी तुमको पार लगाना है।
कहो करोगे क्या तुम कैसे रस्ता मुझे बनाना है।।

तब सागर ने कहा राम जी इसमें क्या चिंता की बात।
सेना में रघुवीर आपके बानर दो नल नील हैं साथ।।
उनको जो अभिशाप मिला है बचपन में वो बिसराए।
की उनके छू लेने से पर्वत भी जल में तिर जाए।।

उनका ये अभिशाप आपका कारज सिद्ध करेगा राम।
राम काज के पथ में तो बन जाते श्राप सुगम वरदान।।
राम भक्ति और सत्संगति का होता है ये शुभ परिणाम।
की शापित,पापी भी कर जाते हैं जग में कार्य महान।।

इसलिए हे नाथ! उन्हें बस अवसर दें आरंभ करें।
नाम आपका लेकर के शुभकार्य शीघ्र प्रारंभ करें।।
नाम आपका लेकर जग भवसागर पार उतर जाए।
फिर इसमें क्या बात प्रभू, कि पत्थर जल में तर जाए।।

इसी युक्ति से राघव मुझ पर, सेतु का निर्माण करें।
राम सेतु से बांध रामजी, मेरा भी निर्वाण करें।।
और सहित सेना के अपने, मुझको राघव पार करें।
अपने श्री चरणों में मेरी सेवा यह स्वीकार करें।।

निर्मल यश फैलेगा जग में, पाएगा जग पुष्ट प्रमाण।
रामसेतु के दर्शन से होगा जगती का शुभ कल्याण।।
रामचरित भी राम सेतु है करने को भवसागर पार।
राम कृपा हो जाती तो बन जाते पाहन भी पतवार।।

इसी विनय के साथ सिंधु ने शीश नवां भगवान को।
माँगा विदा, अमित फल पाया, चला गया निज धाम को।।
और प्रभू श्री रामचंद्र ने करके सिंधु विनय स्वीकार।
कहा रीछपति-कीशपति से, शीघ्र करें सेतु तैयार।।

यही कथा है रामचरित के पावन सुंदरकांड की।
रामचरित आधार जगत का धूरी है ब्रह्माण्ड की।।
इसको पढ़े सुने मन लाई, सो उतरे भवसागर पार।
श्री हनुमंत कृपा करते हैं, देते हैं बल बुद्धि अपार।।

तृतीय विश्राम

।।इति श्री बाल रामायण - सुंदर काण्ड सम्पूर्ण।।

श्री बाल रामायण -

लंका काण्ड

॥श्री राम॥

श्री गणेशाय नमः

श्री बाल रामायण – लंका काण्ड प्रारंभ

प्रथम सोपान

(सेतु बंधन एवं रामेश्वरम तीर्थ स्थापना)

धनुषकोडी का पावन तीर,
जहाँ पहुँच कर श्री रघुवीर,
शुरू किए सेतु निर्माण,
गढ़ कर पादप और पाषाण;
बानर लाते शैल सामान,
लिख लिख उस पर सीताराम...

उन्हें फेंक देते हैं जल में,
बानर दो नल नील जो दल में।
इसी तरह अविरल, अविराम,
बानर सारे सबल सयान,
हृदय राखि कर सीता राम;
किए राम सेतु निर्माण।।

कहा राम ने यह भारत की, भूमि अति सुखदाई है।
भारत भू है, स्वर्ग धरा का, हम सब कि यह माई है।।
सदा लालायित रहते हैं सुर लेने को अवतार यहाँ।
तुंग हिमालय, गोधन, गोरस और गंगा की धार यहाँ।।
शंकर का कैलाश यहीं है, देव भूमि की घाटी है।
जिसका चंदन शीश चढ़ाते, वह भारत की माटी है।।

इससे पहले छोड़ भूमि भारत लंका को जाऊँ मैं।
इससे पहले पग पहला लंका की ओर बढ़ाऊँ मैं।।
क्यों ना रजधूली में इसकी मैं पावन स्नान करूँ।
और इष्ट आराध्य प्रभू, शिव शंकर जी का ध्यान धरूँ।।
शिव जी हैं आरंभ जगत का, शिव जगती के प्राण हैं।
सादर शिव को शीश नवांता, सेवक उनका राम है।।

शिव जी हैं आराध्य हमारे, सकल सुमंगल दाता हैं।
राम ईश रामेश्वर हैं वह, त्रिभुवन के दुख त्राता हैं।।
इसीलिए इनका कर पूजन, ही मैं कदम बढ़ाऊँगा।
और यहीं पर दिव्य मनोरम, शिवलिंग एक बनाऊँगा।।
रामेश्वरम तीर्थ होगा यह, फलित करेगा चारो धाम।
इनकी करके प्राण प्रतिष्ठा, करेंगे हम लंका प्रस्थान।।

किए राम शिव आराधन, एक शिवलिंग दिव्य बनाए।
करने को पूजन, विधि सम्मत; ऋषिवर कई बुलाए।।
करके प्राण प्रतिष्ठा शिव की, कर उनका पावन अभिषेक।
चले राम मन हर्षित होकर, हरने रावण का उत्सेक।।

अनुज सहित श्री रामचंद्र जी, सेना पार उतारे।
लंका के तट पर सुबेल पर्वत पर रात गुज़ारे।।
और सुबह सम्मति से सबकी, भेजे अपना दूत।
वीर, बली, मर्मज्ञ, महाभट; अंगद बाली पूत।।

संधी का संदेश सिखाकर, बोले अंगद जाओ।
जाकर के एक बार पुनः, रावण को तुम समझाओ।।
कहना की ये राम आज भी शांति संधि का वाहक।
सीता को लौटा दे मुझको, टले युद्ध यह नाहक।।

कहना उससे कि मैं सब अपराध क्षमा कर दूँगा।
शरण में आ जाए मेरी मैं पाप सभी हर लूँगा।।
लेकिन जो ना मानेगा तो, कुटुंब सहित जाएगा।
पीछे उसके रोने वाला भी; ना रह जाएगा।।

आशीष पाकर, शीश झुकाकर; चले वीर बलवान।
सभा मध्य रावण की पहुँचे, अंगद सीना तान।।
और बताकर परिचय अपना, लगे बात समझाने।
किए अनुग्रह रावण से कि बात को उनकी माने।।

कई बार समझाया पर, रावण ने एक न माना।
अंगद ने श्री रामचंद्र का सारा मर्म बखाना।।
फिर भी दंभी, दुष्ट दशानन; समझ न पाया बात।
कि रघुनायक सूरज, उसकी जुगनू सी औकात।।

उल्टे श्री रघुनायक को बोला रावण अपवाद।
सुनकर तमक उठे अंगद जी, जागा क्रोध अगाध।।
राम सुमिर कर मध्य सभा के, रोप दिए पग अपना।
और किए ललकार कि, देखूँ किसमें दम है कितना।।

जो मेरा यह पांव हिला दे, देता हूँ सौगंध।
राम लौट जाएँगे तट से, टल जाएगा द्वंद।।
हिम्मत है जो आगे आए, मेरा पांव उखाड़े।
इस छोटे से रामदूत को, कोई आज पछाड़े।।

रक्त शिराओं का बाहु में, अभी इसी क्षण भर लो।
किसमें कितना भुजबल है यह, यहीं परीक्षण कर लो।।
मेरा राम सहारा हैं बस, सौंप उन्हीं को डोर।
देता हूँ यह खुली चुनौती, ज़ोर करो पुरजोर।।

एक से एक महाभट आए, खूब लगाए दांव।
पर तटस्थ अंगद का लेकिन, हिला न पाए पांव।।
थक कर हार गए जब सारे, मेघनाद तब आया।
उसने भी अपने भुजबल का, सारा जोर लगाया।।

लेकिन जैसे विषयी का मन राग छुड़ा ना पाए।
वैसे ही सब असुर बेचारे पग को डुला ना पाए।।
ज्यों तटस्थ योगी जन का मन नीति पंथ ना छोड़े ।
वैसे ही अंगद का पग भी भू पर से ना डोले।।

तब होकर उद्विग्न दशानन, उठा शशंकित क्षीण हुआ।
निबल निरीह सभा को देखा, उसका हृदय विदीर्ण हुआ।।
छोड़ सिंहासन सभा बीच वह, पहुँचा ज़ोर दिखाने को।
अपने भुजबल से बानर, अंगद का पांव हटाने को।।

पहुँचा अंगद के जब पास, सभा स्तब्ध निःस्वास हुई।
शर्मसार सब शीश नवाए बैठे होकर छुई मुई।।
कहा तभी अंगद ने रावण बात अभी भी मान ले।
रघुनायक श्री राम चंद्र जी को मूरख पहचान ले।।

जाकर उनके चरण पकड़ ले, तब होगा उद्धार तेरा।
मेरा पांव पकड़ने से ना होगा बेड़ा पार तेरा।।
शर्मसार होकर के रावण घूंट अनादर घोंट गया।
और बिना ही ज़ोर लगाए सिंहासन पर लौट गया।।

चले मुदित होकर अंगद भी करके राम नाम जयकार।
पहुँच गए श्री राम चरण में, कहा सुनाया सब विस्तार।।
बोले राम की रावण पर मद, काम क्रोध सब हावी है।
इसीलिए अंगद उसकी अब निश्चय ही बर्बादी है।।

राजनीति अब विफल हो गई, रणनीति तैयार करो।
सुबह सवेरे ही लंका पर बिगुल बजा कर वार करो।।
चार दलों में सेना बांटों, चार घटक तैयार करो।
और सुबह अपने अधीन लंका के चारो द्वार करो।।

हुई तीव्र तैयारी;
साजे बरछी–ढाल कटारी,
जप जप शिव शम्भू त्रिपुरारी,
करके पूर्ण सभी तैयारी
सेना ने फिर रात गुजारी...

पल पल जैसे हो अति भारी
रावण ने भी रात गुजारी
मंदोदरी सिखाकर हारी
पर रावण की मति थी मारी
कुछ भी ना कर सकी बेचारी...

रावण की ज़िद से दुखियारी
व्याकुल लंका के नर नारी
की अब होगा रण भयकारी
अब तो है विनाश की बारी
क्योंकि पूर्ण किए तैयारी
राघव पूर्ण किए तैयारी...

प्रथम विश्राम

द्वितीय सोपान

(लक्ष्मण मुरछा, संजीवनी बूटी एवं कुम्भकरण वध)

कटी निशा, भा भोर
चहुँ दिशी मचा युद्ध का शोर
बाजे बिगुल शंख रणभेरी
ना की किसी पक्ष ने देरी
सायक, बरछी ढाल चढ़ाए
ले-ले गदा भाल सब धाए
एक दूजे पर ऐसे टूटे
जैसे सदियों से रण भूखे
बानर, भालू और असुरगण
करते एक दूजे का मर्दन
कट कट कटकटाई सब काटे
धड़-सर खंड खंड में बांटे
बानर विकट अति बलशाली
पड़ते असुर दलों पर भारी
उनको रगड़ रगड़ कर मारे
मुख से जय श्री राम उचारे
हनुमत वीर महाबली अंगद
सेना संग सुग्रीव महाभट
सारे द्वार विजय कर आए
सेना लंका मध्य पठाए।

***

रण में इंद्रजीत तब आया
आकर फैलाई निज माया
रण में लगा अस्थि बरसाने
अंबर से वह आग गिराने
बानर भाग गए सब डर के
हनुमत कहे हाल रघुवर से
राघव मंद मंद मुस्काए
फिर वे अपना धनुष उठाए
उनके एक बाण से भारी
कट गई रण की माया सारी
बानर फिर से रण में आए
आ असुरों को धूल चटाए
उनको पटक पटक कर मारे
उनकी जंघा भुजा उखाड़े
शोणित, मांस, मुंड बिखरा है
रण का शोर बहुत गहरा है
देखे सेना है अकुलाई
दौड़े आए लक्ष्मण भाई
श्री रघुवर से आयसु माँगे
रण में चले हैं सीना ताने
निर्भय आते ऐसे रण में
जैसे सिंह हो मुक्त अरण्य में
आकर किए घोर टंकार
शेषपति किए घोर फुंकार
कि जिससे भीषण मचा कोलाहल
रण में धधक गया दावानल
लक्ष्मण सायक चाप चढ़ाए
भीषण बाण कई बरसाए

जिससे मेघनाद अकुलाया
जब उसको कुछ समझ न आया
मारा वीरघातिनी शक्ति
लक्ष्मण मूर्छित हुए तुरत ही
गिर गए धरा धाम पर धारक
कारण बन के खुद ही कारक
आया मेघनाद इठलाते
मूछों पर वह ताव दिखाते
लक्ष्मण जी को लागा उठाने
पर वह मूर्ख भला क्या जाने
लक्ष्मण शेष नाग अवतारी
धरणी से भी ज्यादा भारी
जब वह उनको उठा न पाया
लौट चला लंका को आया
लेकर पहुँचे तब हनुमाना
मूर्छित लखन जहाँ श्री रामा
देखे रघुवर तो अकुलाए
हाऽऽ लक्ष्मण कह कर के धाए
उनको हृदय लगा रघुनाथ
चूम रहे लक्ष्मण का माथ
बोले चाहे जहाँ भी जाओ
जाकर वैद्य ढूंढ कर लाओ
आई जो लक्ष्मण पर व्याधि
हूँ मैं ही इसका अपराधी
अब मैं किस मुख से जाऊँगा
माता को क्या बतलाऊँगा
कोई बात सुनो ना मेरी
आखिर क्यों करते हो देरी

जाओ करो जो भी हो करना
मर जाएगा राम ये वरना
सुनकर आर्द्र राम के बैन
हनुमत लाए वैद्य सुषेण
आकर वे उपचार बताए
कोई संजीवनी ले आए
जो की मिलेगी हिम पर्वत पर
लेकिन समय बहुत है कमतर
प्रातः पौ फटने से पहले
जो लक्ष्मण संजीवनी चख लें
तो ही प्राण बचा पाएँगे
वरना कुछ ना कर पाएँगे
सुनते ही हनुमत बलवान
कहकर जय श्री सीता राम
चले हिम-गिरि से बूटी लाने
लक्ष्मण जी का प्राण बचाने
पथ में दूत दशानन आया
आकर फैलाई निज माया
रस्ता रोकन को हनुमत का
आया भेष बना मुनिवर का
उसको परख गए हनुमान
जिसका कालनेमी था नाम
हनुमत कालनेमी का वध कर
पहुँच गए पावन पर्वत पर
पर वे क्या संजीवनी जाने
बूटी को कैसे पहचाने
सो वे नवां हिमालय माथ
उठा लिए हिम चोटी हाथ

चलते तीव्र गति से वापस
जपते राम नाम गुण तापस
पहुँच गए सागर के तीर
जहाँ पर हर्षित हो रघुवीर
उनको अपने हृदय लगाए
'भरत सम' कहकर स्नेह जताए।।
इधर लखन पाए जो बूटी
उनकी मूर्छा शीघ्र ही टूटी
उठकर खड़े हुए सुधि पाकर
राघव उनको हृदय लगाकर
सारी बात उन्हें बतलाए
क्या कब कैसे सब समझाए
फिर नत होकर के श्री राम
करके वैद्य सुषेण प्रणाम
उनके द्वार उन्हें भिजवाए
हनुमत उन्हें छोड़ कर आए
यद्यपि राज वैद्य लंका के
फिर भी भय बिन, बिन शंका के
करके वैद्य धर्म आचार
कर शत्रु रोगी उपचार
है यह पाठ पढ़ाया हमको
कि कर्तव्य श्रेष्ठ हो सबको।।

* * *

प्रातः शुरू हुआ फिर रण जब
आया भूधर कुंभकरण तब
जो था इतना विकट विशाल
जैसे स्वयं चला हो काल
उसके अंग थे शैल समान
जैसे गुफा नाक अरु कान
पग से रौंद रौंद बनरन को
धर के पटक पटक जबरन को
सबको इतना धूल चटाया
फिर जब पार न कोई पाया
तो राघव ने धनुष उठाया
उसको बहुतही खेल खिलाया
फिर जब अंत निकट आया तो
सिर पे काल कुपित छाया तो
उसकी भुजा बांह को काटे
धड़-सर खंड खंड में बांटे
कट कर गिरा कुंभ धरणी पर
जैसे शैल गगन से भू पर
उसका शीश गिरा लंका में
डूब दशानन भय शंका में
करने लगा शोक संताप
शीश उठाकर घोर विलाप
पर उसका अभिमान बड़ा है
मूरख अब भी वहीं अड़ा है
कि मारूँगा मैं राम को
जीतूँगा संग्राम को।

देख शोक संतप्त तात को
मेघनाथ कह निज प्रताप को
बोला आप अधीर नहीं हों
ऐसा कोई वीर नहीं जो
मुझसे जीवित बच जाए
तात आप ना घबराएँ

द्वितीय विश्राम

तृतीय सोपान

(मेघनाद एवं रावण वध)

सुबह सवेरे पहुँच गया फिर मेघनाद करने संग्राम।
युद्ध क्षेत्र में पहुँच किया ललकार कहाँ है लक्ष्मण राम।।
डर कर भाग गए क्या दोनों ढूंढ उन्हें मैं लाऊँगा।
मेघनाद से बैर का होता क्या अंजाम बताऊँगा।।

घायल कर सुग्रीव विभीषण लखन लाल को बाण से।
चला युद्ध करने मायावी, मायापति श्री राम से।।
सर्प पाश संधान किया उसने राघव को साध लिया।
नाग पाश में इंद्रजीत ने श्री राघव को बांध लिया।।

तब आए श्री जामवंत जी, क्रुद्ध युद्ध आवेग लिए।
और घुमाकर टांग दुष्ट की, लंका वापस फेंक दिए।।
तब देवर्षि नारद जी ने यह साधन उपयुक्त किया।
गरुड़ राज से रामचंद्र को नागपाश से मुक्त किया।।

उधर विजय की खातिर लंका में आहूति शुरू हुई।
यज्ञ हवन संग मेघनाद की अंतिम बाजी शुरू हुई।।
कर लेता जो यज्ञ ये पूरा हो जाता दुर्जेय अपार।
मेघनाद की शक्ति बढ़ती और कभी ना होती हार।।

तो बोले रघुनायक की लक्ष्मण लेकर सेना जाओ।
जाकर कर विध्वंश यज्ञ का मेघनाद को हत आओ।।
लखन लाल शुभ आशीष लेकर और संग ले बानर दल।
चले ह्रदय हर्षाते करने मेघनाद मसले का हल।।

पहुँच यज्ञ शाला में सारे किए यज्ञ उसका विध्वंस।
और किए श्री लखन लाल फिर मेघनाद का निर्मम अन्त।।
रख आए हनुमान उठा शव मेघनाद लंका के द्वार।
टूट गया सुत मेघनाद से रावण के रण का आधार।।

हाहाकार मचा लंका में, लहर शोक की दौड़ गई।
रावण के संग्राम विजय की अंतिम आशा छोड़ गई।।
रावण भी विस्मित अचेत सा राजमहल में पड़ा हुआ।
जाने फिर क्या सोंच अचानक ताल ठोक कर खड़ा हुआ।।

चारण दो बुलवाए उसने, सेनापति को बुलवाया।
और महासंग्राम की खातिर अपने रथ को सजवाया।।
और दिया उपदेश कहा कि – ''वीर वही कहलाते हैं;
जो रण में विजयी होते या वीरगति को पाते हैं।।''

वीर भोगते हैं वसुधा को, कायर पूंछ हिलाते हैं।
वो जग में इतिहास बनाते, जो साहस दिखलाते हैं।।
जय जयकार उन्हीं की होती, जो दृढ़ता से जीता है।
कभी कभी ये अवसर वीरों! जीवन हमको देता है।।

यह अवसर है जब हमको लंका का शौर्य दिखाना है।
या की जीत के आना है, या वीरगति को पाना है।।
जो दुःसाहस करता हो, पग जिसका नहीं ठिठकता हो।
रण में जाने से, मरने से, बिल्कुल नहीं झिझकता हो।।

वो ही साथ मेरे आए, जिसको ना प्राण की आशा हो।
जिसमे साहस जीत का हो, बस जीत की ही अभिलाषा हो।।
अब भी अवसर है, जाना चाहे जो जाए माफी है।
दिग्विजयी रावण इस रण को, एक अकेला काफी है।।

सुन बातें उत्साहित सेना ज़ोर ज़ोर से चिल्लाई।
जय हो लंकापति रावण की, ज़ोर ध्वनि नभ पे छाई।।
जिससे जान गया रामादल, देव दिशाएँ सब जाने।
कि रण में आने को रावण खड़ा हुआ सीना ताने।।

शिव शंभू का जाप किया और पूजन अर्चन कर रावण।
अस्त्र-शस्त्र सजवाए सारे और जुटाए सब साधन।।
चला दशानन शंखनाद कर, विजय तिलक लगवाए माथ।
धूल धूसरित हुई दिशाएँ, डोल उठे अवनी आकाश।।

देव मुनि गंधर्व शेष, सब रावण से थर्राते हैं।
देख दशानन को रण में अकुलाते हैं, भय खाते हैं।।
तभी पहुँचकर रावण रण भूमि में यूँ हुंकार किया।
कहाँ है वे वनवासी मानव, रावण ने ललकार किया।।

सेना पर सेना टूट गई, योद्धा पर योद्धा टूट पड़े।
वीर महाभट बानर दल के असुर वीर से खूब लड़े।।
देखा रावण को रथ पर, और बिना स्यंदन राम हैं।
तो बोले श्री मंत विभीषण कैसा ये संग्राम है।।

कैसे जीत सकेंगे कहिए आप दशानन को हे नाथ!
उसके पास अलौकिक रथ है, आप विरथ हैं, हे! रघुनाथ।।
समझाया रघुनाथ ने तब कि सुनो विभीषण ध्यान से।
जीवन का संग्राम विजय ना होता तीर कमान से।।

जीवन के इस समर क्षेत्र में जो रथ सबको चहिए है।
सत्य-शील उसका ध्वज होते, शौर्य-धैर्य दो पहिए हैं।।
बल, विवेक, दम, परमारथ ये चार अश्व हैं उस रथ के।
क्षमा, दया, समता की डोरी नाथती है, जिनको नथ से।।

ईश भजन ही चतुर सारथी, और विरक्ति ढाल है।
दान-शस्त्र है, बुद्धि-बल है, संतृप्ति तलवार है।।
ज्ञान धनुष, निर्मल मन तरकश, मन-निग्रह ही बाण है।
विप्र-गुरु दुर्भेध कवच हैं, आश्रय इनका त्राण है।।

जिसके पास सखा रथ ऐसा, उसको कौन हराएगा।
भौतिकता, संसाधन, सुख ये रोक उसे क्या पाएगा।।
ये तो है संग्राम धर्म का, जीत उसी की पक्की है।
वीर, व्रती, धर्मार्थ खड़ा जो, जिसकी नीयत सच्ची है।।

हाथ जोड़ कर भक्त विभीषण, शीश झुकाए बारंबार।
दुष्ट दशानन ने फिर से, कर घोर गर्जना की ललकार।।
तब अंगद हनुमान के संग में लखन लाल रण में आए।
कटुक वचन बोले रावण को और बाण वे बरसाए।।

कोटिक बाण चलाए दोनों, पर दोनों ने काट किया।
युद्ध क्षेत्र को दोनों ने क्षत-विक्षत शव से पाट दिया।।
तीर तीर पर छूट रहे पर, दोनों काट गिराते हैं।
रण कौशल की पुष्टि करते, दोनों नहीं अघाते हैं।।

तभी मार कर तीर लखन ने, रथ रावण का तोड़ दिया।
मूर्छित करके अल्प काल को, रावण मद को फोड़ दिया।।
मूर्छा से उठते ही रावण ने लक्ष्मण पर वार किया।
मूर्छित करके ब्रह्मशक्ति से, लक्ष्मण से प्रतिकार किया।।

लगा उठाने लक्ष्मण को, पर रावण नहीं उठा पाया।
अभिमानी को अब भी लगता भेद समझ में ना आया।।
तब तक आकार वीर पवन सुत एक मुष्टिका वार किए।
और उठा कर लखन लाल को राम चंद्र के पास किए।।

लक्ष्मण की मूर्छा टूट गई जब राम शक्ति को तोड़े।
लक्ष्मण जी फिर से उठकर के युद्ध क्षेत्र में दौड़े।।
और किए ललकार दशानन मेरे वार संभाल।
अबकी आया है ये लक्ष्मण, बनकर तेरा काल।।

भेद दिया लक्ष्मण ने बाणों से रावण का माथ।
मूर्छित रावण को लेकर के सारथी अपने साथ।।
वापस आया लंका में तो हुआ वहाँ उपचार।
उठा क्रोध में रावण भरके, आँखों में अंगार।।

लगा मनाने शिव को रावण काल जयी होने को।
शिव का श्रेष्ठ उपासक वह, रण में विजयी होने को।।
शिव जी जो अमोघ वर देते, करता कौन विनाश।
शिव शंभू तो सरल, सुगम हैं, शिव हैं भोलेनाथ।।

इसीलिए तो भक्त विभीषण जैसे ही बतलाए।
रावण यज्ञ विफल करने को रामदूत सब आए।।
करके सब विध्वंस यज्ञ का, रावण को उकसाए।
ताकि रावण छोड़ अर्चना, शीघ्र युद्ध में आए।।

उठा यज्ञ वेदी से रावण, तिलमिल तिलमिल होकर।
तुरंत हुआ तैयार युद्ध को, अपना आपा खोकर।।
सभी अमंगलकारी असगुन होते रावण संग।
पर अभिमान, अहम के कारण मति हुई थी मंद।।

कुछ भी नहीं सूझता उसको, यद्यपि सब बतलाते।
गिद्ध - बाज़ रावण रथ बैठे, कुसगुन को दिखलाते।।
छूट गिरी मंदोदरी कर से, विजय तिलक की थाल।
पर रावण कुछ समझ न पाया, वशीभूत था काल।।

पुण्य प्रकृति सब कुछ बतलाती, सब सूचक देती है।
सूक्ष्म, सरल संकेतों से वो सबकुछ कह देती है।।
पर ये भाषा-भाव प्रकृति का समझ वही बस पाते।
जिनका मन निर्मल होता, जो राम चरित गुण गाते।।

पहुँच गया वो महासमर में हो रथ पर आरूढ़।
खूब छकाया सेना को निज माया से मति मूढ़।।
जब माया का पार न पाए, त्राहिमाम चिल्लाए।
पस्त हुए वानर-भालू तो, राम चरण में आए।।

तब रघुनायक चाप उठाए, और मंद मुस्काए।
लेकर के सारंग हाथ में उसको तनिक घुमाए।।
घूम गई पृथ्वी सारी, ब्रह्मांड वासुकी डोले।
तब श्री राघव नयन मूंद कर, नम्र भाव से बोले -

''कि अब समय निकट आया है, रावण के संहार का।
अब तो कारज सिद्ध करूँगा, अपने इस अवतार का।।
मार इसे अन्याय से इसके महि को मुक्त कराना है।
धर्म बढ़ाना है धरती पर, नव विश्वास जगाना है।।''

यह कह कर के चले राम जी, धनुष बाण निज हाथ लिए।
गुरु पद पंकज शीश नवाए, मातु-पिता हिय साथ लिए।।
संग चले सुग्रीव, विभीषण, रीछपति, अंगद, हनुमान।
देख रहे थे आसमान से देव सभी ये प्रलय प्रयाण।।

शस्त्र उठाया राघव ने, फिर रावण को ललकारा।
और चढ़ा कर चाप, राम ने बाण सैकड़ों मारा।।
कई बार काटे भुज मस्तक, उसको खूब छकाया।
राघव जी ने दुष्ट दशानन को, रण नाच नचाया।।

पर जितनी भी बार काटते रावण के भुज-शीश।
उतनी बार निकल आते हैं दसों शीश, भुज बीस।।
क्योंकि अमृत कलश नाभि में था रावण के पास।
जिसके रहते कभी न मृत्यु आती उसके पास।।

देख युद्ध राघव-रावण का, देव चकित-भयभीत।
समझ न आता भयवश उनको किसकी होगी जीत।।
जितनी बार भी मारे राघव, रावण उठ जाता है।
रघुनायक का कौतुक कोई समझ नहीं पाता है।।

तब जब सारे देव मुनि गण हाथ जोड़ कर बोले।
हे रघुनायक! कृपा करें अब खेल-कुतूहल छोड़ें।।
हम सबको भयहीन करें, कर इस रावण का नाश।
जल्दी मार गिराएँ अब इस रावण को रघुनाथ।।

फिर भी राघव जान के भी सब बने हुए अनजान।
भक्त विभीषण के अनुरक्ति की करते पहचान।।
तब जब भक्त विभीषण ने राघव को बतलाई यह बात।
कि रावण के नाभि कुंड में है अमृत का वास।।

मृदुल मंद मुस्कान सजाए, सायक चाप चढ़ाए।
शिवशंभू का नाम सुमिरि कर, सादर शीश नवाए।।
और धनुष की प्रत्यंचा को निज कानों तक खींच।
एक साथ रघुनायक छोड़े वज्र-बाण इकतीस।।

बीस बाण से बीस भुजाएँ, दस बाणों से शीश।
एक बाण से नाभि कुंड को, सोख लिए जगदीश।।
फिर रावण का धड़ खंडित कर उसको मार गिराए।
और दशानन को रघुनायक अपने धाम पठाए।।

अंत समय में जाते जाते रावण, 'राम' पुकारा।
जिससे उसके पाप धुल गए, पाया परम सहारा।।
जो पद जग में सुलभ न होता; मुनि श्रेष्ठ पावन को।
कृपासिंधु रघुनायक ने वह, दिया दुष्ट रावण को।।

देख असुर का अंत, गगन से देव सुमन बरसाएँ।
जय-जय कार करें राघव का, मंगल गीत सुनाएँ।।
धरा, दिशाएँ, देव, मुनि सब गाने लगे बधाई।
और इसी दिन को दुनिया ने 'विजयादशमी' मनाई।।

हुई सत्य की जीत, असत करनी पर।
पड़ा धर्म का बीज, सकल धरणी पर।।
ताप पाप का छंटा, मिटा अंधियारा।
धर्म हुआ स्थापित, भा उजियारा।।

सत्य बड़ा होता है, सदा सहेजो।
सत्य, शांति और न्याय सदा तुम खोजो।।
सत्य मार्ग दुर्गम है, ज़रा कठिन है।
पर निष्ठा निश्चय हो तो मुमकिन है।।

सीख यही सिखलाते हैं श्री राम।
कि जो धर्मरति होते अविराम।।
उनकी निश्चय जीत सदा होती है।
यही राम की रीति सदा होती है।।

तृतीय विश्राम

चतुर्थ सोपान

(विभीषण राज–तिलक, सिया की वापसी एवं अवध प्रस्थान)

कर अंत्येष्टि रावण की जब भक्त विभीषण आए।
माल्यवान, मंदोदरी संग में पुरवासी भी आए।।
शीश नवां सब राम चरण में, किए राम का दर्शन।
और पधारें आप प्रभु! लंका में, दिए निमंत्रण।।

पर राघव तो वचनबद्ध थे कैसे पुर में जाते।
कहा सभी से रघुनायक ने बात यही समझा के –
कि जब तक बनवास शेष है, नहीं नगर में जाऊँ।
पर श्रीमंत विभीषण का तो राज तिलक करवाऊँ।।

भेज के तब सुग्रीव पवनसुत जामवंत नल नील लखन।
राजतिलक करवाए रघुवर, पूर्ण किए जो दिए वचन।।
राज तिलक हो गया विभीषण का फिर सब वापस आए।
तब बोले श्री राम विभीषण से सीता को भिजवाएं।।

चले विभीषण संग पवनसुत, माँ का दर्शन पाने को।
सीता मईया को सादर, लंका से वापस लाने को।।
कई तरह के रत्न मणि से भूषित सजी हुई माता।
बैठ पालकी में आई वह, जहाँ खड़े थे रघुनाथा।।

दर्शन को माता के सब वानर, भालू धकियाते हैं।
देव सुमन वृष्टि करते हैं, नेति नेति गुण गाते हैं।।
पर ये तो छाया सीता की, सिया–राम जी जान रहे।
इसीलिए तो परछाई से, अग्नि परीक्षा माँग रहे।।

परछाई क्या कभी आजतक अग्नि से जल पाई है।
इसी बहाने असल सिया अग्नि से वापस आई हैं।।
मायापति के लीलाओं की, कौन समझ सकता माया।
अग्नि यज्ञ के पीछे का यह, भेद नहीं कोई पाया।।

किए लखन जब अनल प्रकट तो, छाया उसमे समा गई।
उसी रूप में माता सीता लौट अनल से आ गई।।
आ कर के रघुवीर के संग में चरण स्पर्श कर खड़ी हुईं।
सिया राम दोनों की आँखें प्रेम सुजल से भरी हुईं।।

देख सुखद मनुहारी छवि यह बानर भालू हर्षाए।
देव, मुनि, गंधर्व, शेष सब दर्शन पाकर सुख पाए।।
देवर्षि, ब्रह्मर्षि, प्रजापति और बिरंचि, शिव आए।
शीश नवां रघुवीर सिया को उनका निर्मल यश गाए।।

गूंज उठी चहुओर दिशाएँ, राम नाम जय गान से।
और विभीषण भर कर लाए यान वस्त्र मिष्ठान से।।
खूब लुटाए हीरे-मोती; रत्न, मणि भी बरसाए।
जिसका जितना मन चाहा, वो पाकर उतना ले जाए।।

फिर रघुनंदन भक्त विभीषण को बुलवाए और कहे।
कि मेरे बनवास में भाई, बस कुछ दिन ही शेष रहे।।
समय बीतने से पहले, जो राम अवध ना जाएगा।
तो निश्चय ही राम, भरत को मरा हुआ ही पाएगा।।

इसीलिए अब देर नहीं हो, ऐसा कोई करो जतन।
जिससे भाई का भाई से, हो जाए साकार मिलन।।
यह सुनते ही भक्त विभीषण, ला कर पुष्पक यान को।
किए समर्पित रामचंद्र को, अवधपुरी प्रस्थान को।।

विदा लिए रघुनायक सबसे, और दिए सबको संदेश।
जाएँ सारे रीछ कपि अब, घर को अपने अपने देश।।
स्मरण मुझे बस करते रहना, नहीं किसी से भय खाना।
और कभी जो मिलना हो तो, अवधपुरी को आ जाना।।

देते हैं संदेश यही बस, सबको हृदय लगाते हैं।
और विदा लेते हैं सबसे, सबसे लाड़ लड़ाते हैं।।
सारी सेना लौट गई, पर कुछ तो तब भी खड़े रहे।
हमको भी रघुवीर साथ में ले लो, ज़िद पर अड़े रहे।।

कौन हमारा तुम बिन भगवन, किसके पास कहाँ जाएँ।
शरण में रख लो, तुम्हें दुहाई; वरना तो हम मर जाएँ।।
कई बार समझाए कुछ को, और कछुक को डांट दिए।
फिर रघुनायक प्रीति जानकर, उनको अपने साथ लिए।।

हर्षित हो सुग्रीव, विभीषण, जमावंत, नल, नील, सुजान।
और पवनसुत, अंगद संग में; लखन लाल जी चढ़े विमान।।
फिर जब बैठ गई सीता जी, रघुनायक के साथ में।
चला यान तब उत्तर दिशि को, नील कंज आकाश में।।

ऊपर ऊपर से रघुनायक युद्ध क्षेत्र दिखलाते हैं।
कहाँ किसे कैसे कब मारा, सीता को बतलाते हैं।।
फिर दिखलाए रामसेतु को, रामेश्वर दिखलाए राम।
हाथ जोड़ रघुवीर सिया ने, रामेश्वर को किया प्रणाम।।

पार किए सतयोजन सागर, और किए पंपासर पार।
ऋष्यमूक पर्वत से होते, दंडक वन पहुँचे सरकार।।
और वहाँ से चित्रकूट, फिर आए तीर्थ प्रयाग को।
स्नान किए संगम में राघव, आशिष दिए समाज को।।

फिर भेजे हनुमान को राघव, बोले शीघ्र अवध जाओ।
जाकर मेरे अनुज भरत का, कुशल क्षेम लेकर आओ।।
शीश नवां हनुमान तुरत ही, विप्र रूप धरि किए पयान।
और इधर रघुकुल नंदन भी, आगे को करके प्रस्थान।।

पहुँच गए गंगा के तट पर, गंगा पार उतारे यान।
दौड़े आए हो! निषाद जी, सुनते ही कि आए राम।।
चरण कमल में लोट गए, प्रेमाश्रु चरण धुलाए दिए।
श्री रघुनायक उन्हें उठा कर अपने हृदय लगाए लिए।।

देख सभी आनंदित होते, भीलराज के नेह को।
राम चरण अनुराग 'गुह' का, पावन पूरित स्नेह को।।
अश्रु बिंद से सजल हो गए, नेत्र सभी अनुरागी के।
ऐसी राम चरण में रति तो, होती है बड़भागी के।।

यही कथा है युद्ध काण्ड की, सत्य-शौर्य की गाथा है।
जो भी इसका पाठन करता, सदा विजय श्री पाता हैं।।
सब पर राम सहाई होवें, सब का राम करें कल्याण।
इसी भाव से मस्त मगन हो, बोलो बच्चों - 'सीताराम'।।

चतुर्थ विश्राम

।।इति श्री बाल रामायण - लंका काण्ड संपूर्ण।।

श्री बाल रामायण -

उत्तर काण्ड

॥श्री राम॥

श्री गणेशाय नमः

श्री बाल रामायण – उत्तर काण्ड प्रारंभ

प्रथम सोपान

(श्री राम राज्याभिषेक एवं समापन)

राम राम ही रटते रहते, राम चरण के रागी जी।
राम नाम से कट जाती है, जन्म-जन्म की व्याधि जी।।
राम चरित का सुमिरन करते, राम नाम ही जाप रहे।
राम पादुका सिंहासन रख, भरत दिनों-दिन काट रहे।।

रहते नंदीग्राम विपिन में, राम नाम की आस लिए।
आएँगे रघुवर एक दिन तो, मन में ये विश्वास लिए।।
बीत गए बनवास के चौदस, अंतिम दिन बस बाकी है।
लेकिन भईया के आने की खबर नहीं क्यों आती है।।

सोच सोच यह बात भरत जी, रोते हैं अकुलाते हैं।
कि राघव सरकार हमारे, वापस क्यों नहीं आते हैं।।
क्या वे कल आएँगे या फिर, भूल मुझे वो जाएँगे।
मुझे माफ कर अपनाएँगे, या भईया ठुकराएँगे।।

यही बात संवाद भरत जी, करके खुद से करें विलाप।
जाने कल हो मरण हमारा, या की होगा राम मिलाप।।
तभी पहुँच हनुमान जी उन पर, अमृत रस बरसाते हैं।
आते हैं श्री राम अवध को, उनको यह बतलाते हैं।।

सुनकर लोर बहे अँखियन से, भरत भ्रात हर्षाते हैं।
झर झर नीर नयन से उनके, रोके ना रुक पाते हैं।।
हृदय लगा हनुमान को तब वे, पूछे – 'विप्र कहें निज नाम।'
'क्षमा करें इस अधम को द्विज हे! नहीं सका तुमको पहचान।।'

तब बतलाए हनुमान जी, राम कथा विस्तार से।
कैसे याद किया करते हैं राघव, अनुज भरत को प्यार से।।
कुशल क्षेम बतलाए सारा, और बताए अपना नाम।
भरतलाल ने शीश नवाँकर, हनुमान को किया प्रणाम।।

विदा लिए हनुमान वहाँ से, वापस गंगा तट आए।
समाचार सब भरत भाव का, राम चंद्र को बतलाए।।
सुनकर के श्री राम चंद्र जी, भरत भाव के गान को।
तुरत हुए तैयार सिया संग, अवधपुरी प्रस्थान को।।

उधर अवध में भरत जी जाकर सबको यह बतलाते हैं।
कि सब मंगल दीप जलाओ, राम अवध को आते हैं।।
सभी सजा लो घर आंगन को, कहीं नहीं अंधियारा हो।
आज हमारा अवध राज यह, स्वर्ग से सुंदर प्यारा हो।।

नगर, डगर, वन, चौक, चावड़ी, सजवा दो सब लड़ियों से।
राजमहल, उपवन, सर, वापी सजा दो सब फुलझड़ियों से।।
घर घर मंगल गीत बजाओ, मंगल बेला आई है।
खूब लुटाओ हीरे-मोती, सबको आज बधाई है।।

कल आएँगे राम हमारे, सुनकर सब यह झूम उठे।
जिसने भी संदेश सुना यह, भरे खुशी से घूम उठे।।
माताएँ, गुरु, भरत, शत्रुघन; और राज्य के अधिकारी।
मोद मनाते, हंसते गाते; पूर्ण किए सब तैयारी।।

सुबह सवेरे रघुनायक ने, गंगा तट से किया पयान।
कार्तिक मास अमावस के दिन, लौट अवध को आए राम।।
घर-घर उत्सव दीप जले थे, चहुदिशी बस खुशहाली थी।
उसी रात को मनी धरा पर पहली बार दिवाली थी।।

सबसे पहले गुरु, विप्र से, मिलकर लखन लाल के साथ।
आगे बढ़े भरत से मिलने, बांह पसारे, श्री रघुनाथ।।
लेकिन भईया भरत राम के श्री चरणों में आन पड़े।
लाख मनाते एक न माने, बेसुध हो बेजान पड़े।।

राम उठाए, नेह जताए, उनको हृदय लगाते हैं।
दोनों भाई एक दूजे में भर आकंठ समाते हैं।।
शब्द कंठ से नहीं फूटते, केवल नीर बरसता है।
राम-भरत का स्नेह मिलन यह पंकज क्या लिख सकता है।।

फिर रघुनायक सबसे मिलते, सबको भी मिलवाते हैं।
ऐसे सबको शीतल करते, राजमहल में आते हैं।।
जहाँ द्वार पर तीनों माताएँ शुभ अंजन करती हैं।
पूजन, अर्चन, परछन करके, उन्हें अंक में भरती हैं।।

प्रथम मिले माँ कैकेई से, फिर तब मातु सुमित्रा से।
तब जाकर के रामचंद्र जी मिले मातु कौशल्या से।।
सबका आदर शीश नवाकर, करते सीता-राम जी।
सबका हर संताप सभी को, सुख देते सुखधाम जी।

तभी कहा गुरुवर वशिष्ठ ने, लग्न बड़ा फलदाई है।
कई वर्ष के बाद अवध में ऐसी शुभ घड़ी आई है।।
मेरा है प्रस्ताव कि अब तो, अवध भूप श्री राम हों।
सबका हो मंतव्य एक तो, राजतिलक का काम हो।।

सभी हर्ष से बोल उठे की शीघ्र सुमंगल काज करें।
यदि लग्न अनुकूल गुरु जी, अभी आज के आज करें।।
तैयारी आरंभ हुई, सब जगह निमंत्रण भिजवाए।
सभी तीर्थ, सब धाम से माटी; जल-गंगाजल मंगवाए।।

खूब मना आनंद अवध में राम राज अब आएगा।
सबका दुख संताप कटेगा, सुख का परचम लहराएगा।।
न्याय धर्म का मान बढ़ेगा, सुख समृद्धि छाएगी।
समता और सम्मान बढ़ेगा, प्रेम में वृद्धि आएगी।।

एकरूप हो, रामरूप हो, सब मंगलकारी होंगे।
शिक्षा और चिकित्सा के सब, सम ही अधिकारी होंगे।।
कोई ना अब भेद रहेगा, जाति पाति और पंथों में।
ज्ञान बढ़ेगा, श्रद्धा होगी विप्र, संत, सद्ग्रंथों में।।

राम राज्य का शुभ चिंतन कर, सब तैयारी पूर्ण हुई।
शगुन सूचकों की सरिता से, अवधपुरी परिपूर्ण हुई।।
ढोल, नगाड़े, गाजे-बाजे; होम, यज्ञ अति पावन है।
राज तिलक का योग ये कितना मंगल, सुदिन सुहावन है।।

सभी इष्ट जन और मित्र गण, होकर के तैयार सभी।
आए सभी नगर पुरवासी, संग लिए परिवार सभी।।
विप्र, मुनि, गुरुवर वशिष्ठ जी, जनक तात, संभ्रांत सभी।
सभी रानियाँ, मातु सुनयना; और अवध की मातु सभी।।

जामवंत, नल, नील विभीषण, अंगद, और सुग्रीव निषाद।
होकर के तैयार सभा में आते हैं करते जय नाद।।
हनुमान जी भरत, शत्रुघन और लखन संग आते हैं।
सिया राम जी को सादर वे सभा मध्य बैठाते हैं।।

करते मंत्रोच्चार विप्र जन, सभा मध्य गुंजित स्वर गान।
करते हैं अभिषेक राम का, सिंहासन बैठाए राम।।
राज तिलक कर, राज मुकुट को; रामचंद्र को पहनाए।
और सिया को सिंहासन पर वाम भाग में बैठाए।।

भरत, लखन श्री राम सिया के दाएँ-बाएँ खड़े हुए।
हनुमान जी और शत्रुघन श्री चरणों में पड़े हुए।।
ऐसा है दरबार राम का, सकल सुमंगल कारक है।
सिया राम दरबार छवि तो, तारक है, उद्धारक है।।

जय जय कार राम की होती, चहुं दिशि गूंज रहा यह लय।
कि दशरथनंदन रघुनायक, राजा रामचंद्र की जय।।
बने राम कौशलपुर राजा, गूंजा राम नाम जयघोष।
भवन, भुवन, ब्रह्मांड में गूंजा, राम राज का यह उद्घोष।।

आए देव मुनि अरु नारद, सिया राम के दर्शन को।
शंकर, ब्रह्मादिक अरु सारद, रोक न पाए कर्षण को।।
राम राज की हुई स्थापना, राम अवध के राजा हैं।
सुख की सरिता फूट गई, सब हर्षित संत समाजा हैं।।

दीन-हीन दुखिया ना कोई, नहीं बड़ा ना छोटा है।
नीति निपुण धर्मज्ञ सभी हैं, सत्य सही जो होता है।।
सारे मिलजुल साथ सींचते, पुण्य, प्रेम की क्यारी को।
मानवता के महातीर्थ को, वसुधा की फुलवारी को।।

यूँ ही रामराज की वेणी, निर्मल बहती जाती है।
और यहीं पर रामकथा यह, सुखद अंत को आती है।।
मित्र, विप्र सब संत मुनिजन, निज निज घर को जाते हैं।
रामचरित, इस रामगीत से; अंतस भरते जाते हैं।।

रामकथा यह नाम रूप है, राम रूप नारायण की।
राम कथा यह राम चरित की; पावन बाल रामायण की।।
बाल रामायण अल्प रूप है, मानस जी विस्तार हैं।
रामचरित का बाल रूप यह, मानस ही आधार हैं।।

यह जो लिखा कहा कुछ मैंने, मैंने ना कुछ काम किया।
रामलला के बाल लला हनुमान ने ये गुणगान किया।।
और संग में बाल गजानन लिखते गए सुगायन को।
बाल रूप में बच्चों के हित, लिख दी बाल रामायण को।।

इसीलिए इस महाकाव्य का, बाल रामायण नाम हुआ।
इसको जिसने पढ़ा सुनाया, उसका पूरण काम हुआ।।
राम कथा यह सकल सिद्ध है, सकल सुमंगल कारक है।
राम कथा कलिकाल तीर्थ है, भव बंधन उद्धारक है।।

यही कामना करता हूँ कि; जगमंगल, उत्थान रहे।
सदा सहाई सब पर मेरे, कृपा सिंधु भगवान रहें।।
प्रेम, आर्द्र, सौहार्द्र जगत में, बाढ़े सब सानंद रहें।
रोग, दोष, विद्वेष, मिटे सब; डूबे परमानंद रहें।।

उज्ज्वल चित्त चरित्र बने, सब गुणकारी गुणवान बने।
हर बाला देवी की प्रतिमा, बच्चा बच्चा राम बने।।
सारे धर्मरती अनुरागी; बलशाली, विद्वान बने।
रामलला की पावन भूमि, भारत देश महान बने।।

इसी कामना के संग में, बस यही निवेदन करता हूँ।
और इसी के साथ समर्पित काव्य सुमन यह करता हूँ।।
पंकज 'बाल रामायण' जग में सबका ही कल्याण करे।
जिसका जो मनवांछित फल हो, पूर्ण उसे श्री राम करें।।

पूर्ण विश्राम

।।इति श्री बाल रामायण - उत्तर काण्ड सम्पूर्ण।।

इति श्री बाल रामायण – सम्पूर्ण